2016年海南省自然科学基金项目（20161004）资助

经济管理学术文库 • 经济类

中国城乡居民养老保险制度与收支测度数量方法

The Endowment Insurance System of Urban and Rural Residents in China and the Quantitative Method of Measuring Income and Expenditure

卢　媛　孙娜娜／著

经济管理出版社
ECONOMY & MANAGEMENT PUBLISHING HOUSE

图书在版编目（CIP）数据

中国城乡居民养老保险制度与收支测度数量方法/卢媛，孙娜娜著.—北京：经济管理出版社，2018.12

ISBN 978-7-5096-6181-9

Ⅰ.①中… Ⅱ.①卢… ②孙… Ⅲ.①居民—养老保险制度—研究—中国 Ⅳ.①F842.67

中国版本图书馆CIP数据核字（2018）第270935号

组稿编辑：宋　娜
责任编辑：宋　娜　田乃馨
责任印制：黄章平
责任校对：王淑卿

出版发行：经济管理出版社
（北京市海淀区北蜂窝 8 号中雅大厦 A 座 11 层　100038）
网　　址：www.E-mp.com.cn
电　　话：（010）51915602
印　　刷：北京玺诚印务有限公司
经　　销：新华书店
开　　本：720mm × 1000mm/16
印　　张：12.75
字　　数：207千字
版　　次：2019年4月第1版　2019年4月第1次印刷
书　　号：ISBN 978-7-5096-6181-9
定　　价：98.00元

联系地址：北京阜外月坛北小街 2 号
电话：（010）68022974　　邮编：100836

前 言

人口老龄化是一个不以人们意志为转移的客观规律，是人类人口再生产的必然趋势。人口老龄化已经成为我国一个极为严峻的社会问题，严重影响着我国社会、经济等各方面的发展。人口老龄化问题成因复杂，一方面，计划生育政策的实行使我国人口实际生育率较低；另一方面，由于社会经济的快速发展、人民生活水平的不断提高、现代医学水平的不断进步等延长了老年人的平均寿命。老龄人口的生活质量需要家庭、社会共同保障。养老保险制度是为老龄人口提供生活经济保障的重要制度之一。

本书将从理论和实证两个方面对我国城乡居民养老保险制度以及收支测度方法展开详尽阐述。

在理论研究篇中，首先，强调老龄化社会背景下养老保险制度的重要意义；其次，对中国养老保险制度从历史沿革、现状和存在问题等方面进行评述；再次，通过与国外养老保险以及相关制度的对比分析，总结了我国养老保险制度设计可以借鉴的经验；最后，给出了养老保险基金收支测度的一般模型，包括两个阶段模型的构造，其一是构造改良人口精算模型，其二是养老保险基金收支的一般模型，作为后文实证研究的理论基础。

在实证研究篇中，以海南省和北京市为算例分别进行测算。首先，以海南省城乡居民基本养老保险制度为依据，通过构造改良人口精算模型、制度相对应的养老保险收支模型，经过测算发现按照现行制度规定，在 2030 年左右海南省养老保险基金将出现收不抵支的问题，并且 2015~2030 年，养老保险收支差额逐步减少是显著的趋势，这需要引起有关部门的重视。其次，北京市新型农村基本养老保险制度的算例也表现出类似的问题，即通过改良人口精算模型推算出多年分性别的人口数，按照新农保制度要求构造养老保险收入和支出模型，进而得到收支差额逐年减少的结论。最后，改变主要制度参数，运用政策模拟研究寻找能使养老保险基金收支运行平衡的最优制度参数的设计方案。

本书的核心算法是基于作者的学位论文，并融合对养老保险收支问题长期的关注与思考的成果。本书写作凝聚了很多人的智慧和劳动，特别感谢海南大学经济与管理学院程惠、黄林峰的辛勤劳动，其他未有提及者在此一并谢过。

碍于水平和能力的局限，如有错漏敬请见谅。

卢媛　孙娜娜

2018 年 10 月

目 录

理论研究篇

实证研究篇

理论研究篇

中国城乡居民养老保险制度

养老保险收支测度数量方法

第一章
中国城乡居民养老保险制度

目前，人口老龄化已经成为我国一个极为严峻的社会问题，严重影响着我国社会、经济等各方面的发展。人口老龄化问题成因复杂，一方面，计划生育政策的实行使我国人口实际生育率较低；另一方面，由于社会经济快速发展、人民生活水平不断提高、现代医学水平的进步等使老年人的平均寿命有了很大的提高。老龄人口的生活质量需要家庭、社会共同提供必要保障。养老保险制度是为老龄人口提供必要生活经济保障的重要制度。

第一节　老龄化社会背景下养老保险制度的重要性

人口老龄化是一个不以人们意志为转移的客观规律，是人类人口再生产的必然趋势。人口老龄化是人口出生和死亡（或人口的寿命）变化的直接后果，它的深层次原因是生产力的发展。生产力发展和社会进步使死亡率下降（或寿命延长），接下来是出生率的下降。二者从相对高水平衍变到相对低水平的过程称人口转变。当人口转变开始后，随之而来的是人口年龄结构的变化。人口年龄结构变化既可以表现为人口年轻化也可表现为人口老龄化。但迄今的人类历史已经证明，人口转变的结果是人类人口趋向老龄化，至于人口年轻化只是一个短暂时期的历史插曲。

人口老龄化是指由于人口生育率降低和人均寿命延长使总人口中年轻人口数量减少、年长人口数量增加而导致的老年人口比例相应增长的动态过程。对于人口老龄化可进一步从如下两方面解读：一是老年人口相对增多，在总人口中所占比例不断上升；二是社会人口结构呈现老年状态，进入老龄化社会。国际上通常看法是，当一个国家或地区 60 岁以上老年人口占人口总数的 10% 及以上，或 65 岁以上老年人口占人口总数的 7% 及以上，即意味着这个国家或地区的人口处于老龄化社会。

国家统计局 2011 年 4 月 28 日发布了以 2010 年 11 月 1 日零时为标准时点的第六次全国人口普查的主要数据。从年龄结构看，0~14 岁人口占人口总数的 16.6%，比 2000 年人口普查下降 6.29 个百分点；60 岁及以上人口占 13.26%，比 2000 年人口普查上升 2.93 个百分点，其中 65 岁及以上人口占 8.87%，比 2000 年人口普查上升 1.91 个百分点。中国人口年龄结构的变化，说明随着中国经济社会快速发展，人民生活水平和医疗卫生保健事业的巨大改善，生育率持续保持较低水平，老龄化进程逐步加快。

按照国际通常认定老龄化社会的标准，自 2000 年始，我国已进入老龄化社会，以 65 岁及以上占总人口比例的数据为参考，此指标从 2002 年的 7.3% 上涨至 2012 年的 9.4%。2012 年我国 65 岁以上的老年人口已达到 1.27 亿人，并且每年仍以 800 万人的速度增加。有关专家预计，到 2050 年，我国老龄人口将达到总人口数的 1/3。

与其他国家相对比，中国人口老龄化呈现以下几个特点：

（1）人口老龄化提前达到高峰。在我国 20 世纪后期，为控制人口的急剧增长，国家推行计划生育政策，使人口出生率迅速下降，加快了中国人口老龄化的进程。21 世纪初的 20 年间是我国经济高速发展，人民生活质量水平迅速提高的时期，老年人寿命延长。与此同时，随着人民教育水平的提高和生育观念日趋理性化，特别在部分一二线城市由于生活压力大，婚后选择“丁克”生活方式的家庭也不在少数，如若继续坚持原来的计划生育政策，其结果将不可避免地使我国提早达到人口老龄化高峰。因此，“普遍二孩制度”就是在这样的时代背景下提出的。

（2）在社会经济不太发达状态下进入人口老龄化社会，呈现出“未富先老”的特点。有统计数据表明，先期进入老龄化社会的一些发达国家，人均国民生产总值达到 20000 美元以上，呈现出“先富后老”，这为解决人口老龄化带来的问题奠定了经济基础。但中国进入老龄化社会时，人均国民生产总值约为 3000 美元，呈现出“未富先老”。由于经济实力还不强，老年人的晚年生活和生命质量

没有稳固的经济保障，这也是我国普遍推行的城乡居民养老保险制度设立的初衷之一，希望通过这项社会保障制度，可以使老年人的晚年生活水准不降低、生命质量有保障。

（3）在多重压力下渡过人口老龄化阶段。21世纪前半叶，我国在建立和完善社会主义市场经济体制过程中改革和发展的任务繁重，经济和社会要可持续发展，社会要保持稳定，各种矛盾错综复杂，使解决人口老龄化问题相对发达国家和人口少的国家更为艰巨。

2017年10月18日，习近平同志在党的十九大报告中指出，实施健康中国战略，积极应对人口老龄化，构建养老、孝老、敬老政策体系和社会环境，推进医养结合，加快老龄事业和产业发展。在老龄化社会背景下，重视老龄人口问题，使养老保险制度真正成为老年人幸福晚年生活的保护伞。随着经济社会环境的不断发展变化，不断推进我国城乡居民养老保险制度改革意义重大。

第二节　中国养老保险制度述评

养老保险制度是保障老年人基本生活、建立健全养老保险制度的社会保障制度，是社会化大生产的产物，是建立社会主义市场经济体制的重要内容，是经济发展到一定阶段的必然结果。在工业革命之前，老年人的生命维持依赖于家庭。

社会和政府很少过问养老金问题。工业革命不仅带来了技术上的飞跃，也使市场机制已被引入人类社会。生活风险的增加导致了家庭的小型化，这极大地削弱了传统的家庭养老功能。随着生产力的提高和社会的进步，人们的生活水平和生活质量不断提高，养老问题不能单纯依靠家庭、依靠市场力量来解决，这需要整个社会在制度设计上加以解决。党的十六届三中全会通过的《关于完善社会主义市场经济体制若干问题的决定》中，从完善社会主义市场经济体制和全面建设小康社会的高度出发，明确了今后一段时期完善养老保险制度的目标任务和工作要求，提出“将城镇从业人员纳入基本养老保险，强化社会保险基金征缴”，为养老保险制度的发展指明了方向。

我国新型社会养老保险制度的建立及改革已经走过了十几年的历程，经过多年的摸索、实践，在资金的管理上逐步形成了“社会统筹与个人账户相结合”的筹资模式，建立了多层次的养老保险体系。但目前我国养老保险也面临更严峻的挑战，加速发展的人口老龄化、覆盖面窄、统筹层次低、隐性债务和个人空账等问题，已使现有的养老保险制度“力不从心”。农村传统的“家庭养老与土地保障”功能已日趋退化，新型农村养老保险刚刚开始试点，任务艰巨。因此结合我国实际情况，针对我国当前社会养老保险在实践中出现的难点问题进行分析，进而提出相应的改革与完善对策，是社会保障中亟待解决的核心问题。

一、历史沿革

（一）养老保险制度初期模型的建立

1951 年 2 月，在总结以往革命根据地和解放区社会养老保险经验的基础上，由政务院颁布实施了中国第一部全国统一的社会保险法规——《中华人民共和国劳动保险条例》（以下简称《劳动保险条例》）。《劳动保险条例》是一个综合性法规，不仅包括养老，还包括疾病、工伤、残疾、死亡、生育等多方面的内容，条例于 1953 年进行了修订。同年，劳动部还制定了《劳动保险条例实施细则修正草案》。

《劳动保险条例》开始以劳动保险的形式实施企业职工养老保险，规定由企业行政方面或资方按月缴纳劳动保险金，部分存入全国总工会账户，作为劳工保险总基金，其余部分则存于各企业工业基层委员会账户，为支付工人与职工按照本条例应得的抚恤金、补助金与救济费之用。后来，为了适应新形势的发展，国务院之后颁布的一些法规、规章都对养老保险制度的充实和完善起到了积极的作用。1958 年 2 月，国务院颁布施行《国务院关于工人、职员、退休处理的暂行规定》，使企业和国家机关、事业单位、人民团体的工人、职员的退休条件、退休待遇实现了统一，避免了不同劳动群体保险待遇的差别，有助于人员的合理流动。1964 年 4 月颁布的《关于轻、手工业集体所有制企业职工、社员退休统筹暂行办法》和《关于轻、手工业集体所有制企业员工、社员退职暂行办法》使我国除国营企业、公私合营企业外，轻工业、手工业集体所有制职工有了制度化、规范化的退休退职制度。1962 年 7 月颁布的《关于处理资产阶级工商业者退休

问题的补充规定》对工商业者的退休条件、待遇标准以及费用开支都作了规定。1963 年 1 月颁布的《关于享受长期劳动保险待遇的异地支付试行方法》解决了职工、家属转移居住地点后的退休费、抚恤费等的领取问题。1962 年 6 月颁布的《关于精简职工安置办法的若干规定》规定了精减职工中老弱人员的生活问题，推动了国民经济调整的顺利完成。

1966 年开始，特殊历史时期对社会保险制度造成一定影响，社会保险事业陷入混乱，职工养老保险工作出现倒退。在机构被撤、资料散失、政令不通的情况下，1969 年 2 月，财政部下发了《关于国营企业财务工作中几项制度的改革意见（草案）》，宣布“国营企业一律停止提取劳动保险金”，“企业的退休职工、长期病号工资和其他劳保开支，改在营业外列支”，由企业自己负担。这种做法使社会保险丧失了统筹调剂功能且没有了资金积累，应对风险的能力大大降低。一个社会化管理的具有互助互济功能的统筹基金制度变成了一个单一部门管理的企业层次上的现收现付制度。特殊历史时期中社会保险工作的混乱阻塞了劳动人口正常的进入与退出，大批应该退休的职工没有及时退出生产领域，而“上山下乡”的青年学生却无法补充到企业中。很多职工无法享受正常的社会保险待遇，而有的单位却又私自提高给付标准，享受超标的保险待遇。

1978 年 6 月，国务院颁布了《关于安置老弱病残干部的暂行办法》和关于《工人退休、退职的暂行办法》，针对特殊历史时期出现的不正常现象和过去制度中的缺陷，重新规定了离退休的条件及待遇标准。1980 年，国家劳动总局和全国总工会联合下发《关于整顿与加强劳动保险工作的通知》，国营企业对中断的企业社会保险管理工作进行全面的整顿和恢复，对社会保险事业的进一步发展打下了良好基础。1981 年，国务院下发《关于严格执行工人退休、退职暂行办法的通知》，强调必须严格退休、退职条件，使职工退休、退职工作得以健康开展。1983 年，劳动人事部下发《关于建国前参加工作的老工人退休待遇的通知》，规定了新中国成立前参加工作的老工人的待遇。

这些文件对规范职工退休起到了重要作用，据统计，1978~1984 年，全国退休人员增加了 3.7 倍，退休金给付增加了 5.7 倍，到 1984 年底特殊历史时期遗留的 200 多万人应退休而未退的问题基本解决，离退休待遇水平也显著提高，城镇集体企业职工老年生活也有了初步保障。但是，传统养老保险体制是与传统的计划经济体制相适应的，与当时的城镇保证就业的劳动制度密切相关，它更多地强调公平，存在一定的为公平牺牲效率的倾向，而由于其覆盖面问题，整个养老保险体系也不能充分体现公平。另外，因为国家和企业包揽过多，导致职工的自我保障意识薄弱，这种后遗症至今仍然非常明显。

（二）养老保险制度的确定

1984 年 10 月，在党的十二届三中全会上发布了《中共中央关于经济体制改革的决定》，我国经济体制改革进入了以城市为重点、以国营企业为中心的时代，开始了国有企业的全面改革，“独立核算，自负盈亏”的新体制使传统体制中新老企业养老负担不均衡的问题迅速暴露出来。1985 年起，各地纷纷进行了重建养老保险社会统筹制度的试点；1986 年，国务院颁布了《国营企业实行劳动合同制暂行规定》，决定国有企业新招工人一律实行劳动合同制，并首先在劳动合同制工人中实行个人缴费制度。在地区试点和劳动合同制工人个人缴费制度运行的基础上，国务院在 1991 年 6 月颁布了《关于企业业职工养老保险制度改革的决定》，宣布实行养老保险的社会统筹，建立养老保险基金制度，确立了个人缴费原则，要求在全国范围内逐步推行，并明确提出要“随着经济的发展，逐步建立起基本养老保险、企业补充养老保险和个人储蓄型养老保险相结合的制度”，从此改变了过去单一的养老保险制度，逐步建立多层次的养老保险体系，与国际上流行的“三大支柱”保障理论相契合。

（三）养老保险制度的完善与改革

1993 年，党的十四届三中全会通过《关于建立社会主义市场经济若干问题的决定》，其中对养老保险体制改革做出了几项原则规定：“建立多层次的社会保障体系”“社会保障水平要与中国社会生产力发展水平以及各方面的承受能力相适应”“发展商业性保险业，作为社会保险的补充”“按照社会保障的不同类型确定其资金来源和保障方式”“城镇职工养老和医疗保险金由单位和个人共同负担，实行社会统筹和个人账户相结合”“建立统一的社会保障管理机构”“社会保障行政管理和社会保险基金经营要分开”“社会保障机构主要是行使行政管理职能”，这就为社会保障体制改革确定了基本原则。

1995 年 3 月，国务院发布《关于深化企业职工养老保险制度改革的通知》，将党的十四届三中全会的三项原则付诸实施，并开始在全国范围内实行“统账结

合”（社会统筹与个人账户相结合）的基本养老保险制度，并鼓励建立企业补充养老保险和个人储蓄型养老保险，为适应各地区的不同情况，当时提出了2个实施办法，并允许地方自由选择甚至适当修改，导致社会基本养老保险失去了统一性。

1997年7月，在总结各地改革经验的基础上，国务院发布《关于建立统一的企业职工基本养老保险制度的决定》，统一了个人账户的规模和资金来源，统一了企业缴费比例，统一了养老金计发办法，同时将基本养老保险范围扩大到“城镇所有企业及其职工”，城镇个体劳动者也要逐步加入。

1998年8月，国务院发布《关于实行企业职工基本养老保险省级统筹和行业统筹移交地方管理有关问题的通知》，决定将原来11个行业的养老统筹移交地方管理；提高统筹层次，加快实施省级统筹；养老金的差额缴拨改为全额缴拨，实施养老金社会化发放。

1999年1月，《社会保险费征缴暂行条例》发布实施，基本养老保险费的征缴工作走上了规范化、法制化的道路，基本养老保险的覆盖面也得到进一步拓宽，养老保险基金的结算方式也逐步改为全额缴拨。

2000年12月，国务院发布了《关于完善城镇社会保障体系的试点方案》（以下简称《试点方案》）。《试点方案》提出完善社会保障体系的总目标是：建立独立于企业事业单位之外、资金来源多元化、保障制度规范化、管理服务社会化的社会保障体系。2001年7月，辽宁省率先开始进行此项试点工作。

2003年10月，党的十六届三中全会通过的《中共中央关于完善社会主义市场经济体制若干问题的决定》提出，加快建设与经济发展水平相适应的社会保障体系，完善企业职工基本养老保险制度，坚持社会统筹与个人账户相结合，逐步做实个人账户，将城镇从业人员纳入基本养老保险，建立健全省级养老保险调剂基金，在完善市级统筹基础上，逐步实行省级统筹，条件具备时实行基本养老金的基础部分全国统筹，强化社会保险基金征缴，扩大征缴覆盖面，规范基金监管，确保基金安全，鼓励有条件的企业建立补充保险，积极发展商业养老、医疗保险。农村养老保障以家庭为主，同社区保障、国家救济相结合。有条件的地方探索建立农村最低生活保障制度。

2005年12月，《国务院关于企业职工基本养老保险制度的决定》（以下简称

《决定》）正式发布，下一阶段在企业职工基本养老保险领域的主要任务是：确保基本养老金按时足额发放，保障离退休人员基本生活；逐步做实个人账户，完善社会统筹与个人账户相结合的基本制度；统一城镇个体工商户和灵活就业人员参保缴费政策，扩大覆盖范围；改革基本养老金计发办法，建立参保缴费的激励约束机制；根据经济发展水平和各方面承受能力，合理确定基本养老金水平；建立多层次养老保险体系，划清中央与地方、政府与企业及个人的责任；加强基本养老保险基金征缴和监管，完善多渠道等筹资机制；进一步做好退休人员社会化管理工作，提高服务水平。该《决定》中明确规定“从2006年1月1日起，个人账户的规模统一由本人缴费工资的11%调整为8%，全部由个人缴费形成，单位缴费不再划入个人账户”，这个规定在社会上引起了一场不小的风波，再一次将社会的目光吸引到“我国养老保障制度改革”这一历史性的重大话题上。

二、现状分析

（一）基本养老保险制度模式已确立

经过20多年的探索和实践，稳定基本制度模式，即坚持社会统筹与个人账户相结合的原则，逐步把个人账户做实，实现从现收现付制向现收现付与储备积累相结合的模式转变。

我国养老保险基金从1998年的1512亿元增加到2005年的近4000亿元，年均增长14.9%；基本养老金水平不断提高，1998年全国月人均养老金为413元，2004年提高到705元；基本养老金当期拖欠逐年减少，1998年平均每月拖欠6亿多元，1999年每月拖欠3亿多元，2000年每月拖欠1亿多元，到2003年只有个别地区拖欠了1.32亿元，2004年和2005年全国已连续两年无当期拖欠。各地还积极采取措施，补发过去的历史拖欠。

（二）覆盖范围逐渐扩大

我国的基本养老保险覆盖范围从国有、集体企业职工向多种所有制从业人员扩展，参保人数逐年增长，1998年基本养老保险参保人数为1.12亿人，2001年以来参保人数年均增长6.5%，2005年已达1.73亿人。其中，城镇个体工商户和灵活就业人员从2001年的535万人增加到目前的1930万人，近几年离退休人员年均净增300万人，2005年领取基本养老金的离退休人员已达4350多万人，

越来越多的退休人员享受到基本养老保险待遇。

从覆盖率来看，截至2003年末全国城镇就业人数为25639万人，同期全国基本养老保险参保职工为11646万人，基本养老保险对目标人群的覆盖率为45.4%左右；截至2005年末，全国城镇就业人数为27331万人，同期全国基本养老保险参保职工为13120万人，基本养老保险对目标人群的覆盖率为48%左右。可以看出，基本养老保险的参保范围和覆盖率正在逐渐扩大。

（三）保险征缴金额及基金规模逐年扩大

近年来，全国基本养老保险基金征缴不断加强，起到了养老保险资金来源的主渠道作用，基本养老保险基金收入自1995年开始的近十年来年均增长20%。其中，2005年全年城镇基本养老保险基金总收入5093亿元，比上年增长19.6%，其中征缴收入4312亿元，增长20.3%，各级财政补贴基本养老保险基金651亿元，其中中央财政544亿元，地方财政107亿元。

（四）社会化管理服务水平逐步提高

养老保险社会化管理服务水平逐步提高，基本养老金实现社会化发放，通过人员逐步纳入街道社区实行社区化管理服务。针对一些企业挤占挪用养老金的问题，从1999年开始，我国推行离退休人员基本养老金由银行、邮局实行社会化发放，到2001年基本在全国实现了社会化发放，从机制上保障了广大离退休人员按时足额领取基本养老金。从2002年起，针对近40%的企业退休人员没有单位提供管理服务的状况，各地普遍建立街道社区劳动保障工作机构，把企业退休人员纳入社区管理，目前已有超过60%的企业退休人员进入社区。

（五）养老保险基金管理逐步加强

养老保险基金是退休人员的养命钱，各级政府非常重视养老保险基金监管工作，把加强基金监管作为确保基金安全，防范和化解管理运营风险的根本措施。将养老保险基金监管纳入完善社会保障体系的总体安排，开展了一系列规范管理和监督工作，养老保险基金纳入财政专户，实行收支两条线管理，专款专用。从1999年起，全国社会保险经办机构统一不再从社会保险基金中提取管理费，同时采取有力措施，开展基金监督检查，查处基金管理违纪违规案件、企业少交漏交社会保费和欺诈冒领社会保险金行为，清理回收了以前被挤占挪用的基金，社会保障基金管理逐步规范，有效地维护了基金的安全和完整。

三、主要问题

（一）多层次养老保险制度中第二、三层次发展的滞后

与当前发展中国家的国情相适应，我国实行的是多层次养老保险体系：第一层次是社会统筹与个人账户相结合的基本养老保险，由国家立法在全国统一强制实施，其目标是保障广大离退休人员的基本生活需要；第二层次是企业补充养老保险（现称企业年金），也就是根据单位的经济实力自行建立并确定待遇水平和发放方式的年金制度；第三层次是个人储蓄性养老保险，个人可以根据经济能力和不同需求自愿参加。

目前，第二层次企业年金的税收优惠政策依然停留在争论中，各地区、行业间的发展也不平衡，相关立法、监管、风险控制机制尚不完善，投资渠道非常狭窄，企业年金管理人和投资人才十分缺乏，市场难以在短期内得到快速启动和发展。作为第三层次的商业养老保险，受国民保险意识和国家税收政策的限制，覆盖的人员非常有限。第二、三层次规模较小，发展滞后，多层次体系停滞在名义和形式上，加之制度的不完善，其整体功能的发挥受到严重影响。

（二）人口老龄化日益加剧，养老保险负担不断加重

老龄化社会问题，直接带来的是养老问题，涉及老年人口由谁来赡养和如何来赡养两个方面的问题，其实质是如何对待老年人的问题。

从 1987 年、1999 年和 2004 年男女分年龄段人口比例的统计数字来看，我国的人口年龄结构在过去的 35 年中已经发生了极大的变化，在 1987 年 65 岁以上的人口只占 2.4%；到了 1999 年这个比率增加到 7.4%；到了 2005 年这个比率更是高达 8.6%；估计到 2030 年将超过 14%。如果持续原有的计划生育政策不变的话，在 2020 年后 4 对祖父母和 2 对父母由 1 对孩子抚养的家庭供养模式将更为普遍，到那时我国将从劳动力富有型社会变成劳动力极其短缺型社会，由此可见普遍二孩生育政策实施的重大意义。

过去发达国家的人口结构从成年型变为老年型要用 40~100 年的时间，而我们只用 20 多年的时间，这个变化几乎是突如其来的。事实上由于人口平均寿命延长，劳动力的负担上升是世界性的趋势。在美国 20 世纪 50 年代，每名养老金的受益人有 16 个劳动力来承担，现在只有 3.3 个劳动力来承担，到 2025 年只

有 2 个动力来承担了，因此家庭养老承受的压力越来越大。同时，老年人自身经济收入的减少、工作与身体状况的变化，导致我国现阶段老年人的生活现状不容乐观。

在老龄化社会问题中，还存在着对老年人的歧视问题，有的年轻人由于缺乏道德观念、法律意识淡漠，不但不尽赡养义务，反而虐待老人，侵犯老人合法权益。从全国范围来看，老年人由于孤独、饥寒、疾病、受虐导致的自杀现象时有发生。2004 年 3 月“预防长者自杀”亚太地区会议在香港召开，会议资料显示，根据保守估计，我国每年有 25 万人自杀，200 万人自杀未遂，其中 55 岁以上的人占了 20%，特别是农村老年人自杀事件是世界平均水平的 4~5 倍。

我国人口老龄化、高龄化的发展趋势，已经给养老、代际关系处理等方面带来了巨大的压力，影响到代际和谐和家庭和谐，成为构建和谐社会进程中不可忽视的现实问题，养老问题的妥善解决势在必行。

（三）养老保险基金隐性债务规模大

我国原有的养老保险制度不实行个人缴费，企业也不为在职职工缴纳养老保险费，按照现行制度中社会统筹与个人账户相结合的养老保险模式，如何在支付已退休人员应得养老待遇的同时，为在职职工建立起个人账户以积累日后给付所需资金，成为新旧制度转轨过程中最为严峻的问题。由于已退休人员在此制度建立前参加工作的职工没有建立个人账户，没有为自己的养老保险基金进行积累，要在保证“老人”“中人”[①] 的前后待遇水平基本衔接同时建立个人账户，无疑使企业和个人面临双重负担，在养老保险资金供给短缺的情况下，唯一的出路就是让个人账户成为“名义账户”，将应用于积累的资金拿来支付已退休人员的养老保险金，个人账户暂时只是空壳一个，留待日后逐渐填补做实。从而形成了养老保险金的“缺口”或“隐性债务”。在退休人员逐年递增的情况下，养老保险个人账户空账以每年 1000 亿元的规模增加。据劳动和社会保障部前部长郑斯林透露，2004 年我国养老金缺口达 2.5 万亿元，相当于我国近一年的国民经济总收入。据中国人民大学公共管理学院社会保障研究所所长李绍光教授等完成的

---

① “老人”是指养老保险制度实施之时，个人没有缴纳养老保险金人员。“中人”是指养老保险制度实施之时，个人缴纳养老保险金之日起到退休之日止未达到养老保险制度规定的连续缴存年限的居民，连续缴存年限一般是 15 年。

《划拨国有资产，偿还养老金隐性债务》研究显示，在新旧养老制度的转轨过程中，产生了约8万亿元的养老金债务总额。

在空账的情况下，这部分负债不得不继续靠现收现付融资。目前统账结合运行模式长此下去，最终必将导致部分积累制的名存实亡，复归到单一的现收现付制，从而预防积累资金防范养老金支付危机的目的就难以实现。

（四）养老保险基金管理混乱

全国范围看，养老保险基金管理欠规范体现在：其一，挤占、挪用养老保险基金，使基金的安全完整性受到损害。虽然劳动保障部门有明确的规定“任何组织和个人不得挪用社会保险基金”。但是，曾有政府利用行政手段强行借用基金投入地方性生产建设项目而长期无法回收，也有的旅游热点城市用惊人数额的养老保险基金搞所谓的“老年活动中心”，而实质上却是一个度假村项目，还有借投资增值的名义自行放贷，结果不仅没有盈利，没有利息，甚至连本金都难以收回。其二，虚报、虚领养老保险基金严重。企业受经济利益的驱动，采取虚报离退休人数、退休金总额等手段，从社会保险机构领取养老保险基金，实行养老金社会化发放以后，由于对离退休人员缺乏有效的监督机制，瞒报离退休人员死亡、冒领养老金的现象时有发生。

（五）投资收益率低下

我国养老保险基金由于受各方面因素的制约，缺乏有效的投资方式和渠道，难以实现保值增值的目的，这主要表现在以下几个方面：

（1）受我国基金管理体制的限制。目前，养老基金由国家社会保障部门管理。目前企业年金很不发达，个人商业保险投保率不高，尽管实行社会统筹和个人账户相结合的部分积累制度，但由于养老金缺口大，因此还达不到依靠专业化基金管理公司来管理养老金的程度。

（2）受到当前投资环境的制约。如同其他投资计划，养老保险基金的投入很大程度上取决于经济发展的客观条件。例如，总供给与总需求的平衡，国家财政收支状况，经济运行中的扩张与紧缩，以及金融市场的完善发达。因为养老基金最主要的投资对象是金融资产，所以金融市场的完善、健全与否直接影响到规模日益增大的养老基金保值增值这一目标的实现。

（3）受到政府严格管制。这种严格管制使养老保险基金难以进行有效的投

资，表面上保证了基金的安全，实际上使基金遭受通货膨胀的侵蚀。虽然严格控制养老保险基金的资产经营风险是政府的职责，但是保证基金的安全除了加强对基金的监管外，另外应拓宽基金的投资渠道，提高其投资收益。例如，美国私营养老保险结余一般都投资于企业股票，目前美国私营养老保险基金掌握着全国企业 1/3 的股票，现在又积极进入其他国家的金融市场。根据世界银行提供的资料看，允许社会保险基金投资的国家，基金的投资比例一般是：公司股票 60%、公司债券 17%、政府债券 6%、短期货款 3%，抵押贷款 11%，房地产 3%。所以，政府应适当放宽对养老基金投资的限制，允许其参与证券市场、基金市场、借贷市场和房地产市场的投资。随着我国较高的经济增长，经济发展伴有一定水平的通货膨胀将是常态，而通货膨胀会造成已积累的养老金贬值和养老金支出的增加。如果无法实现养老基金投资收益率的提高，则最终会影响未来退休职工的老年生活。

（六）养老保险覆盖面有限，参保率低下

根据国家相关法规的规定，基本养老保险制度的覆盖面要扩大到城镇所有类型企业及职工，甚至包括进城务工的农民合同工，机关事业单位的养老保险制度也在加快改革步伐、逐渐进入基本养老保险制度范围，但从目前来看，其覆盖水平仍然较低。2005 年末，全国城镇就业人数为 27331 万人，同期全国基本养老保险参保职工为 13120 万人，基本养老保险对目标人群的覆盖率仅为 48%，更为重要的是，此制度没有惠及占我国人口 60%的农村，而农村社会养老保险业发展慢。自 20 世纪 90 年代初我国开展农村社会养老保险以来，到 2005 年底全国有 1 亿多人参加了农村社会养老保险，累计收入保险基金 350 亿元，2005 年向 459 万参保人员发放养老金，人均约 126 元，显然难保广大农民老年的基本生活。

目前，企业、事业单位仍是社会保障的主要承担者，是社会保障制度的核心。现行的养老保险制度虽然说是一种“社会保障制度”，但绝大多数仍是以企业为载体，缺乏整个社会共济的保障机制。有些效益不好，特别是严重亏损的特困企业，连职工工资都发不出，就更无暇顾及为职工缴存养老保险了。与此同时，较高的缴费率也影响企业的人工成本及盈利水平。由此可见，现行的养老保障体制需要继续健全和完善。

（七）养老保险制度的管理体系不健全

我国养老保险管理体制的一个最明显的特征是，没有从法律上明确管理体制的职能定位，行政管理与业务管理不分家，在制定政策、实施操作、监督机构、基金运营方面责任不清，存在着事实上的政事不分、政企不分的情况。

社会养老保险立法相对滞后制约着管理体制的进一步完善。我国自 20 世纪 80 年代以来也制定了不少相关的法律、法规和制度，对完善养老保险制度起到了规范作用。然而，在养老保险管理体制上至今尚未形成一部统领全局的基本法律，这是造成上述养老保险管理体职责不清、互相扯皮等现象的直接原因。由于立法体系不够完善，可操作性不强，从而造成基本养老金在基金的收缴、管理、运营、发放等方面各管理机构职能定位的混乱。

养老保险管理模式还需完善，目前由于养老金的收缴率低，资本市场不够完善，我国目前尚未形成独立、专业的基金运营机构，基金经办机构与运营机构合二为一，难以形成有效的监督机制。

第三节　国外养老保险制度的基本模式与借鉴

一、国外养老保险制度的一般模式

到 1995 年底，全世界实行社会保障制度的国家和地区之中，已有 165 个国家和地区建立了养老保险制度，由于各国的经济发展水平、历史文化传统及政治制度不同，所建立起来的养老保险模式也不尽相同，按照其覆盖范围、保障水平和基金模式，通常我们将各国的养老保险制度分为以下五种类型：传统型、福利型、混合型、国家保险型和储金型。

（一）传统型养老保险

传统型养老保险以美、德、法等发达市场经济国家为代表，是通过立法程序强制工资劳动者加入，强制雇主和劳动者分别按照规定的投保费率投保，并要求建立老年社会保险基金，实行多层次退休金的养老保险模式。当资金收入不够支出时，国家财政通过财政拨款、税收利率等方式给予补贴。雇主和雇员负担的

比例因国情不同而有所区别。这种养老保险模式的建立继承了德国历史学派和“社会政策协会”的“国家干预主义”的理论，到俾斯麦时又接受了《讲坛社会主义理论》后才最终形成。这种模式有以下特点：

（1）由国家颁布养老保险法，以促使雇主和雇员按规定缴费，有具体明确的法律依据。

（2）定期提供养老待遇，确保投保人在整个退休期间得到保障。社会保险基金在受保成员之间调节使用，通过风险分担与资源分享，使投保人免受通货膨胀与投资风险的影响，体现了互助互济的原则。

（3）劳动者享受养老保险的权利与缴费义务直接关联，也就是劳动者只有缴纳养老保险金才有权利享受社会保险。

（4）设立机构统一管理养老保险事务，包括负责制定各项具体政策及确保养老保险基金的保值增值。

（5）养老保险基金实行现收现付制，受人口老龄化结构与人口就业比例的影响很大。

（二）福利型养老保险

福利型养老保险以英、澳、加、日等发达市场经济国家为代表，贯彻“普惠制”原则，基本养老保险覆盖全体国民，强调国民皆有年金，因此称为“福利型”“普惠制”养老保险。在英国和澳大利亚，政府建立了“老年年金”，在加拿大则称为“普遍年金”，在日本称为“国民年金”。在这一制度下，所有退休国民，均可无条件地从政府领取一定数额的养老金。这种养老金与公民的身份、职业、在职时的工资水平、缴费（税）年限无关，所需资金完全来源于政府税收。需要说明的是，这种普惠制的养老保险待遇，一般水平很低，不足以维持退休者的基本生活，退休者要维持自身的基本生活，必须同时加入到其他养老保险计划之中。这种模式有以下特点：

（1）社会立法保证养老保险能够依法管理并依法监督执行，从而使养老保险的管理处在一种法制化、制度化和社会化的有序运转状态中。

（2）福利国家均坚持普遍适用性原则。瑞典规定只要年满 65 岁，不论其经济地位和职业状况如何，都可以获得同一金额的基本养老金。

（3）多数强调公平原则。法律规定只要在该国居住一定期限的公民，不论其收入、工作状况如何，都有权依法按统一标准享受普遍养老金。

（4）由国家解决养老保险的主要基金，保障水平以维持正常生活水平为准。

（三）混合型养老保险

原来实行福利型养老保险的国家，目前大多已经或正在向一种混合型制度转轨，即福利型养老保险与“收入关联型养老保险”并存，共同构成第一支柱的基本养老保险。在日本，政府建立了“厚生年金”，在英国称为“附加养老金”，在加拿大称为“收入关联年金”。这种收入关联型养老保险的待遇，一般要高于普遍年金的待遇，资金主要来源于雇主和雇员的缴费以及基金的投资收益。

（四）国家保险型养老保险

国家保险型养老保险是以公有制为基础的国家普遍实施的一种养老保险模式。这种模式由国家统一筹集保险基金，统一管理，劳动者无须投保。马克思的国民收入再分配理论是国家保险型养老保险的最早理论渊源，列宁针对俄国革命取得政权以前沙皇俄国社会存在保险覆盖面过于狭窄、工人缴纳的保险费负担太重的状况，提出“国家、企业负担全部社会保险费用，社会保险交由掌握了政权的工人管理”，“工人最好的保险是国家保险”这些思想使国家保险型养老保险模式最终确立。继苏联之后，东欧和亚洲的一些社会主义国家及新西兰、澳大利亚等资本主义国家也纷纷仿效。该模式的主要内容为：

（1）国家充当养老保险的主要角色，受保人不用缴纳任何费用，养老保险费全部由企业和财政负担。

（2）一般情况下养老保险待遇与劳动贡献挂钩，与费用的多少无关。

（3）养老保险事业统一由国家指定的机构办理。

（五）储金型养老保险

储金型养老保险制度在一批新兴市场经济国家实行，以新加坡、智利等国家为代表，强调自我保障的原则，实行完全积累的基金模式，建立了不同类型的个人养老保险账户或“公积金”账户。养老保险费用由雇主和雇员共同分担，在参保人退休或遇有特殊需要时，将个人账户基金定期或一次性支付给个人，这种养老保险制度有利于发挥个人的自我保障功能，体现多劳多得的原则，也能够保障劳动者退休后的基本生活。但是，这一制度也存在自身缺陷，无法充分发挥社会保险的互济互助功能，同时普遍面临着如何使基金保值增值的压力，在出现持

续通货膨胀和金融危机时将面临困难。目前，这种养老保险制度正在发展过程中，具体走向和实效尚难以预料。一些欧洲国家，如瑞典、意大利、波兰、拉脱维亚、立陶宛等，也在基本养老保险中引入了个人账户，但基金实行“空账”运转。

综上所述，这几种养老保险模式不仅在程度范围、资金筹集方式、管理主体、保险待遇等方面都存在着差异，而且所遵循的理论及政策所制定的原则也是不一样的，而且它们在对待公平和效率的问题上也各有侧重。近几年来，随着人口老龄化趋势的发展，一些国家的福利危机逐渐暴露出来。

二、国外养老保险基金筹集的模式

养老保险基金是为保障劳动者享受养老保险待遇而多方筹集的，在劳动者达到法定退休年龄，并从事某种劳动达到法定年限之后提供给劳动者，以维持其基本生活水平的资金集合。养老保险基金是养老保险制度的基础，也是养老保险制度存在的前提条件，因而世界各国都十分重视养老保险基金的筹集。当今世界各国养老保险基金的筹集模式，主要有三种类型：现收现付制、完全积累制和部分积累制。

（一）现收现付制

现收现付制（又称统筹分摊制）是根据短期收支平衡原则筹集养老金，先按当年或近几年所需支出的养老保险费用加以测算，然后在“以支定收”的原则下将这一笔费用按提取一定比例分摊到参加养老保险的单位或个人。

现收现付制的特点为：

（1）提取养老保险基金的比例视需要来调整，不用考虑储备，容易预测与计划。

（2）不留积累基金，以收定支，不存在由于经济波动、通货膨胀、严重自然灾害和其他灾难（如战争）对基金带来的损失。

（3）实质是代际转移，退休人员的养老金由在职劳动者即下一代人缴纳的保险费用支付。

（4）保险费率和保险费支出随支出规模的扩大而逐步提高。

这一筹资模式的明显不足是抵御人口老龄化能力较弱，现收现付制不留积累，每年筹集的资金和支出的保险费会随着人口老龄化及有资格享受养老保险金人数的不断增长而相应增加，这样将使养老金负担越来越重。在现收现付模式下，养老保险机构以社会保险税的形式向当前的就业者获取资金，以满足当前养老金支付的需要。因此，养老保险机构的功能比较简单，主要是筹集资金并进行支付，资金从当前的就业者通过养老保险机构流向当前的养老金领取人，养老保险机构只充当一个类似管道的角色。

世界历史上现收现付制的实践始于第二次世界大战后，现收现付制成为工业化国家基本养老保险制度的主要模式。50%的中等收入国家和10%~20%的低收入国家适用该模式。苏联、东欧和中国也选择了这一模式，据德国官方预测，到2030年，60岁以上的人口将占到总人口的1/3，那时的社会保险费率将增加到50%以上，法定退休保险费比率将要翻两番，意大利和法国甚至高达40%，美国的养老保险税率1935年为工资总额的4%，90年代已提高到15.3%（雇主与雇员各负担一半，即7.65%）。世界银行1994年9月提出预警，如果不对现收现付制进行改革，“几年后，许多欧洲国家养老保险便会崩溃”。美国原社会保障总署署长罗斯福说：“2030年美国将面临老化的筹资危机。”

全球性的人口老龄化给现收现付制国家带来日益加重的财政压力。随着人口出生率的下降、人口寿命的延长以及退休人口的增长，这种压力将越来越大。人口年龄结构变化对养老保险模式的影响表明养老比例不断提高。

现收现付制在我国也有同样的困难。据有关方面预测，我国到2030年以后，退休人口占在职职工的比例将达到40%以上，而在1992年这一比例为17.6%。养老费用将占工资总额的40%，这样高的费用比例是难以承受的。我们必须从筹资模式上彻底改革才能取得收支的平衡。

（二）完全积累制

完全积累制的养老保险基金筹资模式是以远期纵向平衡为原则的筹资方式，即一代人需要的养老金，本代人在职时储蓄积累。一般要求劳动者从参加工作开始，按工资总额由雇主和雇员或只有其中一方定期缴纳养老保险金记入个人账户，作为长期储存积累及保值增值的基金。职工到年老退休时按个人账户积累一次性领取或按月领取。这种筹资模式的优点是：

（1）一代人需要的养老金，靠本代人在职时储蓄积累，被保险人的未来收益与其在职时的缴费多少紧密关联。因此，这种筹资模式能够刺激人们缴费的积极性，强化了人们的自我保障意识。

（2）有一定的资金积累，对人口结构的急剧变化和人口老龄化有一定的承受能力。

（3）能促使职工变超前消费为延期消费。职工可以将一部分消费基金转为国家建设资金，从而为国家建设积累了基金。

由于完全积累模式的养老保险基金数额较大，期限较长，这样就难以保证基金的增值率和工资的增长率，容易引起资金贬值。保险基金的投资和增值时间较长，管理工作量较大，如果投资环境不好，就难以适应几十年情况变化发展的需要和开支。在完全基金积累的资金循环模式下，资金从当前的就业者开始流向养老保险机构，经养老保险机构的投资运营和保值增值，再流向养老金领取人。

（三）部分积累制

部分积累制是现收现付制和完全积累制的结合，是一种兼容远期纵向平衡原则和近期横向平衡原则的筹资模式，即当期筹集的资金一部分用于支付已退休者的养老金，另一部分为现在的就业者预留下来用于今后的养老。在满足一定时期（通常为5~10年）支出的前提下，留有一定的积累基金。这种模式兼具现收现付制与完全积累制的优点，避免其不足，因此为越来越多的国家所采用。

在完全基金积累模式下，资金的流动形成了一个真正的完整循环：就业者从参加工作时起，单位和个人就按工资的一定比例向专门的养老基金投资管理机构缴纳保险费，并记入雇员的个人账户，作为长期储存积累增值的基金；养老基金投资管理机构则按照一定的规则进行养老基金投资增值，同时获取一定的管理费；到就业者退休时，就可以按个人账户中积累的资金总额以约定的方式领取养老金。可以看出，完全基金积累模式体现的是个人工作收入的纵向调剂和风险分担，突出的是自我保障。

这种模式的特点在于初期的缴费较低，以后将逐渐稳定，灵活性较大，既避免了完全积累制的风险，又缓解了现收现付制存在的缺乏储备和负担不均的问题，不仅有利于平衡地渡过老龄化退休高峰时的支付困难，而且可以减轻下一代的负担和代际之间的矛盾。但部分积累制的缺陷是在实际操作中难度较大，既要对现收现付制短期平衡做预算，同时也要对基金制的长期运作进行规划，这就增加了管理成本。同时，这两个组成部分的比例划分也是一个比较困难的问题。

世界上部分国家积极地尝试过部分积累型养老保险制度。例如，智利的养老保险制度就是既开展个人账户，又保留了财政开支的社会统筹部分。日本运用的是修正积累制。保险费率的确定既考虑支付需要，又考虑有一定的积累，大体上每5年平衡一次年金费率。为了保证这项工作更契合实际，政府组织专门人员根据对人口出生率、死亡率等自然情况的预测，对未来65年的年金收支情况进行预测。运用这种方法的结果，不仅有效地保证了年金的支出，而且使年金有了相当可观的积累。

三、国外养老保险的管理制度模式

养老保险管理制度为实施养老保险制度提供了组织保证，养老保险事业是否健全、有序地建立和发展，决定了能否产生有序的激励机制、约束机制和监督机制。养老保险管理制度主要取决于国家的经济、政治条件；反之，历史文化传统也会影响一国社会养老保险体制的选择。综观世界各国的社会养老保险管理制度，主要可以分为以下几种：政府直接管理模式、政府和公共机构共同管理模式、工会管理模式。

（一）政府直接管理模式

政府直接管理就是由政府实施一般监督和管理。政府通常要负责制定养老保险的政策和法令，包括享受养老保险的范围、对象、基本条件、养老保险待遇的支付标准和管理办法以及养老保险相关方面的责任和义务等。同时还要负责检查和监督各项政策和实施的情况，除了制定政策和监督检查外，政府还要负责养老保险的具体业务管理，比如养老保险基金的征集、支付、计算、使用和保值增值等。

英国的养老保险由社会保障部统一管理，社会保障部内设三个行政管理机构，即政策规划局、财务管理局和法律事务局。在下面各地区设置社会保险局，在县市设立国民保险办事处，从而形成一个从中央到地方的严密的管理网络。分权管理是由中央政府部门实施政策指导和一般监督，政府授权公共机构进行操作，或者由地方政府根据具体情况制定具体的实施法则，美国属于这种形式。

（二）政府和社会公共机构共同管理模式

这种模式是由政府负责养老保险的立法和监督，由社会公共机构具体管理养老保险的各项事业，社会公共机构通常以企业和劳动者为主体，政府派代表参加。这种类型的管理体制政府主要起监督作用，立法监督与具体业务分开管理，最具代表性的国家是德国。德国在 27 个州设立工人养老保险机构，并且还按行业设立了联邦铁路雇员养老保险机构、联邦海员养老保险机构、联邦矿工养老保险机构等，德国联邦议会制定和颁布有关社会保障法律，联邦政府的社会事务部进行日常行政管理，社会保险的最高行政机关是联邦劳动和社会部，主要负责立法和监督其养老保险。

（三）工会管理模式

工会管理一般是由全国工会联合会管理养老保险的各项事业。采取这种类型的国家通常工会的力量比较强大，工会运动的社会基础较好。在各级工会组织中设立专门养老保险机构，吸收工人代表参加，管理养老保险业务。丹麦、瑞典、芬兰、苏联及一些东欧国家曾经采用这种形式，在捷克斯洛伐克还成立了中央工会理事会和地方工会理事会以及下设的社会保险管理委员会管理养老保险业务。

四、部分国家养老保险制度经验借鉴

（一）瑞士

瑞士现行的养老保险制度建立在三个支柱上，第一个支柱是由政府对老人遗属和残伤人支付的基本养老金，第二个支柱是企业职工养老保险基金，第三个支柱是个人投资养老保险。这三者互相补充，共同形成了由国家、企业和个人共分担的养老保险制度。

从 1948 年起，瑞士政府开始管理基本养老保险金，其宗旨是保障老人的最低生活需求，它来自居民上缴国家的义务保险费。瑞士宪法规定，所有 20 岁以上的居民和年满 18 岁的在职者都必须向国家缴纳养老保险金。无工作的家庭妇女由其有工作的丈夫为她缴纳最低的养老保险金。在职者应缴纳占其收入 10% 的义务养老保险费，费用由雇主和职工各承担一半，上缴的这部分钱可免税，无职业者和无财产者每年也必须缴纳 390 瑞郎。为支付这种义务保险费，他们可动用财产、失业金甚至社会救济金。现在，领取政府基本养老金的每月最低金额为 1005 瑞郎，是 1948 年初建时最低额的 25 倍，一般人每月可领到 2000 多瑞郎。

企业职工养老保险金始于 1985 年，国家明文规定每个企业和职工都必须按工资的一定比例缴纳企业职工养老金，费用由雇主与职工各付一半。保险费占工资比例依年龄而定，34 岁以下职工的保险费率为 7%，55 岁以上职工的保险费率为 18%，平均为 14%左右。在瑞士，大企业一般都有自己的养老基金组织，小企业则大多建立跨企业的联合养老基金组织。此外，企业也可委托保险公司等第三方来履行这种任务。目前，瑞士企业职工养老保险基金大约有 4000 亿瑞郎的准备金，实力相当雄厚，已经超过了瑞士每年的国民总收入。作为第二大支柱的企业职工养老基金对老人在退休后维持原来的生活标准，保证养老质量起着越来越重要的作用。

根据瑞士联邦“宪法”第 112 条，第一支柱应足够支付基本生活费用。这是一个“PAYGO”系统，由雇员和雇主（各自为员工收入的 4.2%），自雇者（占其收入的 7.8%）以及未从事有偿工作的人员组成。当局还通过直接资助、增值税收和赌博俱乐部税收的方式增加基本养老金收入。人们的捐款则由不同的机构分配，一些由州或联邦当局管理，一些由雇主联合体管理，如企业联合会。第一支柱提供养老金以及孤儿福利。平均退休年龄男性为 65 岁，女性为 64 岁。可以提前或推迟退休年龄，提前退休将导致年金减少，并推迟增加年金。第二支柱中的资金可以在退休前用于购买主要住房、开展独立活动或永久离开瑞士。转职时，资金转移到新雇主的养老基金中，失业时资金转入储蓄账户中。当此人恢复工作时可将储蓄转入新雇主的养老基金中。

在瑞士，每个居民（尤其是无法参加企业职工保险基金的自由职业者）都可以参加个人养老保险，政府还通过对投资个人养老保险者的费用进行免税的方式鼓励个人参与个人养老保险。随着出生率降低、平均寿命延长，瑞士年轻劳动力日益减少，人口老龄化严重，个人养老保险的重要性也日益增加。对一般人来说，每年最多可缴纳养老保险 6000 瑞郎，独立经营者和自由职业者最多可投 30000 瑞郎，投保人交纳的费用在个人的账户上积累生息。男性从 65 岁、女性从 62 岁起，就可领取养老金。退休人员单从政府基本养老保险和企业职工养老保险这两项，就可领到相当于其退休前最后工资 60%的养老金。一般每月可

领到 2000~6000 瑞郎，加上他们的个人养老保险，完全能够保证老人的生活需要。另外，从 1966 年起，瑞士国家还对鳏、寡、孤、独者给予养老金特别补贴，他们每月至少可领取 1205 瑞郎的基本养老金。这样瑞士基本上能够做到“老有所养”。

由于老龄化加重，在职年轻人缴纳的义务养老保险金已不能满足支付老年人养老金的需求。从 20 世纪 90 年代初开始，国家掌握的养老和遗属基本养老金入不敷出，而且情况越来越严重。以 1997 年为例养老金收入为 252.19 亿瑞郎，而支出为 258.02 亿瑞郎。

弥补赤字的办法是“增收”和“节支”。由于老百姓反对，节支很难做到只能靠增收。增收的办法有两个：一是增加养老金的投资效益，二是用税收收入来填补亏空。瑞士联邦政府已决定将 1%的增值收入补充到基本养老保险金中去。

（二）日本

日本从 1942 年开始推行养老保障制度，1961 年建立了基础养老金（也称国民养老金）制度，规定 20 岁以上的国民都有义务加入基础养老金，日本从此实现了“全民皆有养老金”。随着经济发展和社会变化，日本又在国民养老金的基础上建立了以企业薪职人员为对象的“厚生养老金”和以公务员为对象的“共济养老金”。养老金制度的不断完善和发展为经济迅速发展创造了稳定社会环境。

在日本，将近 70%的社会保障福利分配给了日本老年人。2004 年，养老金支出占国内生产总值和医疗保健支出的 9.2%和 5.2%。预计到 2025 年，养老金支付将增至 11.6%，其占医疗保健的支出将增至 8.1%。

日本养老保险基金可分为三个层次：

第一层，国民养老金或国民年金（KN），具有普遍的保险范围，并为所有人提供统一的基本福利。对于所有年龄的居民来说，第一层要求 20~59 岁的国民是强制性参与，保费定为每月 13300 日元（125 美元）。但收入低的员工个人和非工作配偶免缴部分或全部保费。全额养老金在 40 年的缴费后支付前提是在 60 岁之前完成的缴费。

第二层，由员工养老保险（KNH）和四种互助养老金（Kyosai Nenkin）组成。KNH 提供与收入相关并适用于私营公司雇员的福利，以及共同抚恤金适用于公共服务人员。第二层主要为现收现付（PAYGO）定义的福利计划，雇主和雇员向 KNH 贡献 8.675%的职员工资。

第三层，定义贡献计划。在 2001 年 10 月 1 日，日本引入了一个定义捐款（DC）计划，这是日文版的“401（K）”定义的贡献计划，根据投资回报支付利益。作为一个完全资助系统，私人直流退休储蓄账户可能会解决财务可持续性和代际公平性，并导致更高的储蓄率。

国民养老金和厚生养老金保险的征收是强制性的，国民养老金的资金来源于个人缴纳的保险费和国家财政预算，厚生养老金和共济养老金的资金则由个人和企业对半分担。国民养老金和厚生养老金采用“后代人扶养前代人”的社会保险方式，由国家统一管理，所以又称为公共养老金。

养老金的支付除了基础部分之外，还要考虑物价和工资的增长。也就是说在养老金支付额中还包括随工资上升而增加的“工资滑动”部分和随物价上涨而上浮的“物价滑动”部分。目前，一对老年夫妇只要他们在退休前缴足了公共养老金保险费，就能每月领到金额为 23 万日元的养老金，相当于在职人员平均实际月收入的 80%。在有自己住宅的前提下，生活费、衣着费、医疗费、交通费、通信费和娱乐费都能得到基本保证。

然而，进入 20 世纪 90 年代以后，尤其是泡沫经济破裂以来，由于日本经济长期萧条，失业者迅速增加，在职人员收入减少，而且由于出生率下降导致的“少子化”和“高龄化”以超过预料的速度发展。缴保险费的人及其所缴的保险费额在不断减少，而依靠养老金生活的人却在迅速增加。据厚生省的估计，1999 年在职人员缴纳的保险费在其工资收入中所占比率需由去年的 17.35%提高到 19.5%，以后每 5 年要再提高 5%，到 2025 年人口高龄化进入高峰时将达到 34.3%。保险费在工资收入中所占比例如此之大，不仅将挫伤在职人员的劳动积极性，而且必将扼杀经济再生的活力。因此，改革现行的以“后代人扶养前代人”为特征的养老金制度，降低保险费收费标准已成为日本在职人员的共同呼声。

经过长期的激烈争论，日本厚生省已经制定了《养老金制度改革方案》，方方面面的人士和机构也提出了各种改革设想。

综合起来，共同点可归纳为：

（1）增加财政对国民养老金的投入。先将财政承担的国民养老金比例由现行的1/3提高到2/3，将来逐步实现全额承担。这样不仅能减轻因保险费不断增加而给在职人员带来的经济压力，而且也有助于消除种种不公平感，从而避免国民养老金日益走向“空心化”，财政用于国民养老金的支出可通过提高消费或其他税种填补。

（2）控制养老金的支付额。为此，拟将养老金开始支付的年龄统一定为65岁；养老金支付额不再随平均工资的增加而上浮，但随物价上涨而增加；仍在工作的65~70岁老人，其收入如果超过平均工资，不仅不对其支付养老金，还要让其继续缴纳保险费。

（3）开拓“积累式”新型养老金业务，将现行“后代人扶养前代人”的“义务式”厚生养老金改为以“自我努力”和“自我负责”为前提的“积累式”养老金。

（三）美国

美国的养老金体系犯了很多重大的错误，其根本原因在雇员和雇主对于大企业长期生存能力的过分乐观以及政治家治理的失败。

“二战”结束时，美国劳动和产业联合会做出了一个重大的决定，他们将不再推动由政府强制执行的全国范围社会保障计划，而是促成由大垄断企业建立的养老金体系，在AT&T、通用汽车、福特汽车、美国钢铁这样的大企业中，工人已经高度工会化了，他们的养老金和退休金将依赖于其雇主的盈利能力。回顾起来，这很明显是一个错误，近来，美国一些大公司纷纷破产，比如伯利恒钢铁、美国航空以及全球最大的汽车配件商德尔福公司。鉴于问题严重，从20世纪八九十年代开始，美国政府开始构建一个新制度即由政府提供补贴和优惠，而由雇员和雇主筹资的私人养老金体系，即所谓“401（K）条款”和个人退休账户。但是，至少迄今为止，许多人在其“401基金”上的投资并不够明智。比如安然公司的雇员用此基金购买安然股票，当安然倒闭之后他们不仅失去了工作，养老的钱也没了。

美国的养老金包括社会保障体系，支付养老金的联邦社会保险计划以及雇主，保险公司和工会提供的各种私人养老金计划。私人养老金计划受各种联邦法规和条例管辖，有关成立（主要是ERISA）劳动法包括：养老金计划、终止养老金计划、养老金分配的税收待遇、有关养老金计划的证券法规定、与养老金有关的破产法、保护免受年龄歧视和其他对养老金的要求。养老法还包含相关的联邦法规和条例的司法裁决。养老金计划和福利也可能受到州法律的约束。

关于在美国建立、维护和终止养老金计划的主要法律是雇员退休收入保障法（简称“ERISA”）。ERISA 包括劳动法的各项规定以及与“国内税收法”中某些条款相同的税法规定。ERISA 不要求雇主制订养老金计划，作为一般规则，它并不要求计划提供最低水平的利益。相反，它规定了养老金计划一旦建立后的运作。根据 ERISA，养老金计划必须在缴纳了规定的最低年数的养老金后才能归属员工养老金福利。ERISA 要求赞助计划的雇主满足某些最低资金要求，ERISA 还规定了养老金计划以福利计划支付的方式。例如，设定的福利计划必须将已婚参与者的养老金作为“联合和幸存者年金”支付，除非参与者和配偶都放弃幸存者的覆盖范围，否则为未亡配偶提供持续福利。退休福利担保公司由 ERISA 设立，用于当固定福利养老金计划终止后该计划没有足够的资产来提供参与者应获的福利时为其提供保险。后来的 ERISA 修订法集中要求雇主退出多雇主养老金计划，资产不足以支付参与者应得利益的，则需按比例承担利益与债务。

目前美国有两种主要类型的养老金计划，定额福利计划和定额供款计划。定额福利计划根据服务年限、工资和其他因素为退休人员提供一定程度的福利。定额供款计划根据员工和（或）雇主在若干年内所做贡献的金额和投资表现为退休人员提供福利。现在已经有了一些改革方案。参议院财政委员会主席格拉斯利和白宫筹款委员会主席托马斯提出一个计划，试图通过巨大的税收优惠和其他改革来提高私人养老金账户的吸引力，让个人更加谨慎地投资，避免类似“安然事件”的结果。

（四）德国

随着德国政府推出的失业救济制度改革法令和取消国民购房补贴方案，养老保险体制改革正在成为人们关注的重点。

在德国经济改革的纲领性文件“2010 年议程”的规范下，施罗德政府将促进经济增长置于最优先地位，对社会福利制度连续出台多项配套改革方案。针对占社会福利开支最大部分的养老保险体制改革重点也日益凸显。

自德国在1889年建立了第一个社会保障体系以来，公共退休保险一直是“现收现付”，退休养老金是从目前尚未退休的保费中支付的。目前，大约85%的劳动力参加了公共退休保险（GRV）。公务员约占劳动力的9%，拥有自己的养老金制度，占劳动力约9%的自营职业者大多是自保的，但同时他们是被允许参加GRV的。

德国退休制度有三大支柱：一是政府开办的退休保险制度；二是私人公司计划；三是私人个人退休投资。

公共退休保险制度（也称为法定养老保险），包括幸存者和残疾人福利在内。员工参与是强制性的，每个员工根据年度收入评估一笔款项。保险费由雇主扣除，雇员支付一半，雇主支付一半。2017年的保费是总月薪或工资的18.7%。这是根据西部月收入最高为6350欧元（每年76200欧元）和东部5700欧元（每年68400欧元）来评估的。退休现在通常从65岁开始，但逐渐增加到67岁。该计划的缴款也将增加，最高退休金最终将从净收入的70%降至67%。

德国近年来养老保险制度的经验可总结为以下三个方面：

首先，德国努力实现政府、企业和个人三者间的平衡。2002年，德国政府推出了“里斯特改革方案”，希望通过补助和税收优惠的形式鼓励个人在参加法定养老保险的同时也参加其他养老保险。该方案规定现就业者每年投保一个附加养老金，投保额逐年增加。此外，政府计划每年拿出700亿欧元补贴养老保险基金，并用部分生态税补充养老基金。

其次，德国政府努力实现养老金缴纳和支出平衡。由于老龄化问题日益严重，养老金供求比例失调，为稳定养老保险体系，政府努力创造就业机会、增加就业人口、鼓励生育，希望增加未来养老金支付群体的数量。同时，政府不断提高就业人员缴纳养老保险费占其工资总额的比率，2003年这一比例提高到19.5%，今明两年可能升至19.8%。

最后，德国政府通过提高退休年龄，控制提前退休等措施缓解养老保险金给付压力。当德国19世纪初推行养老保险体制时，法定退休年龄是70岁，而那时的平均寿命只有45岁。目前，德国平均退休年龄实际上是60岁，但平均寿命已达80岁。因此德国政府计划从2011年开始把退休年龄从目前的65岁提高到67岁，同时鼓励退休者参加部分时间工作，对提前退休者采取扣除部分养老金的处罚措施。

（五）新加坡

新加坡的中央公积金制度是在经济起飞阶段根据自己的国情和社会经济目标建立起来的，是一种独特的、有效的养老保障制度，并得到了社会和国民的认可。

中央公积金制度于1955年7月建立，它是一项为新加坡受薪人员而设立的养老储蓄基金，是一项强制性的储蓄计划，其主要目的是为职员提供足够的储蓄，以便在退休后或者丧失工作能力时有所依靠。但经过40年的时间，它已经发展成为一种全面的，可以满足人们退休、购房、医疗保健及教育等需要的社会保障制度。在新加坡，每个就业者无论其受雇单位的性质，都在公积金拥有户口，每月要向公积金缴纳一定比例的个人工资。目前缴纳的基数上限是月工资6000新元，会员年满55岁或永远离开新加坡时，就可提走全部公积金存款，存款享有与市场利率挂钩的利息。

新加坡的中央公积金是一项储蓄计划，工人和雇主每月都要进行强制性的支付，并将其纳入主要用于退休的基金。中央公积金本质上是一种储蓄制度，即工人提供一定比例的工资，55岁以前为20%，55~65岁为12.5%，此后为7.5%，雇主也提供一定额度的捐款。雇员只能出于某些原因（如医疗紧急情况、买房和投资股票）从该基金中提取一定数额的资金，其主要目的是确保每个人都有足够的退休金。

新加坡公积金实行全国统一管理。为此，建立了中央公积金局，统一管理和使用公积金储蓄，还制定了《中央公积金法》，以保护公积金会员的合法权益，规范管理、使用公积金储蓄的行为。雇主和雇员都必须按时缴纳公积金，雇员的公积金储蓄由雇主根据缴交率扣除，连同雇主应缴交的数额，一起存入会员的公积金账户上。

随着形势的不断变化，新加坡政府对公积金的内容不断加以补充和完善，个人可以动用公积金储蓄来买房、看病和养老，公积金使新加坡居民在不长的时间里，初步实现了“老有所养”“病有所医”“住有所居”，虽然在运用公积金存款方面逐步放宽限制，但政府仍牢牢抓住公积金最终保障作用的核心。因预见人口有迅速老龄化和平均寿命延长的趋势后，1987年新加坡政府开始施行公积金最低存款计划，规定会员在55岁领取公积金存款时，必须把一笔钱留在退休账

户中以保障晚年的生活。在 10 年内这笔最低存款的数额要逐步调高到 8 万新元。根据政府的测算，只有这样才能在基本生活费不断上涨的情况下，保障会员在退休若干年后仍保持基本的生活水平。

新加坡的正式养老金制度包括若干要素，包括非分摊公共雇员计划和老年人社会援助。然而，强制性退休储蓄的主要来源是中央公积金，其中还包括各种其他强制储蓄计划，住房、医疗、储蓄和其他社会目标。尽管服务水平和效率很高，但中央公积金历史上在集中和不透明的投资制度下为个人带来低回报。这可能会使许多老年人在退休时没有足够的储蓄而留在新加坡。最近允许用单位信托承包投资和放宽投资规则的举措可能最终提供资助退休金计划所需的风险收益组合。

新加坡的这种以储蓄基金制为主体的养老保险制度，明确体现了新加坡政府一贯的“授人以渔”的政策思想。在经济起飞阶段，送给人们“渔具”并教会如何使用，可能要比直接送“鱼”更有意义，更具激励性，更有利于形成“工作—积累—受益”的良性循环。同时这种制度节省了大量的财政开支，抑制了消费通胀，增加了社会积累，有利于增强国家的经济实力，有利于企业开展平等竞争和调动职工的生产积极性。相较于诸福利国家的养老保险制度，新加坡的中央公积金制度不失为一种符合新加坡国情的有效的养老保障制度。

综上所述，从以上的考察和分析不难看出，国外以养老保险为主体的社会保险管理体系建立和完善的实践，对建立适合中国国情的社会保险管理体制具有积极的启示作用。

首先，政府要大力加强养老保险的立法监督职能，养老保险体系的健全与顺利运行与否直接关系到社会的稳定，关系到改革开放大局。因而，当前应大力建立健全我国养老金保险的法律法规，对社会保险事务的管理，应提高到规范化管理的层次。

其次，政府对当前社会保险事务应进行强有力的宏观管理统筹、协调和监督，为实现早日全面步入小康社会的目标，政府在当前养老保险体系建立过程中必须发挥其应有的作用。

再次，积极引入市场竞争机制，逐步形成部分基金用于外部投资的养老保险市场。在当前我国养老保险体系尚未健全的情况下，引进竞争机制要循序渐进、有计划、有步骤地进行。

最后，在我国养老保险体系建立过程中，要勇于开拓创新。国外社会养老保险管理体制结构的多元化实践表明，我国在独特的国情条件下，社会保险不能照搬任何国家的模式。我们必须在借鉴中开拓创新，走具有中国特色的养老保险之路。

第二章
养老保险收支测度数量方法

我国的养老保险体系已经从“现收现付制”过渡到“统账结合”的混合制。我国现行“统账结合”的城镇基本养老保险模式改革追求的目标是“多层次养老保险体系”，即“基本养老保险制度”“企业补充养老保险制度”和“个人自愿储蓄”三支柱的有机结合，通过“现收现付制”向“部分积累制”的过渡，最终实现“完全积累制”。在体制转轨的过程中，原有的养老保险制度（“现收现付制”）停止运行，产生了为向已经退休的“老人”和已经参加工作尚未退休的“中人”兑现承诺的养老保险待遇（既得利益）的资金现值，即隐性养老金债务。

隐性养老金债务作为一个存量概念代表了政府能够明确预计到并必须列入财政计划的直接债务。在我国的养老保险体制设计中，没有考虑到隐性债务的解决方法，而是期望在新制度中逐渐消化债务，加之老龄化进程的加速致使现在养老保险基金收不抵支，收支缺口越来越大，新制度蕴含着爆发支付危机的可能性。如果不正视和解决这一问题，空账规模将越来越大，所要建立的新体制必将难以为继。隐性养老金债务规模、养老保险金收支规模以及收支缺口的测算因此成为必要且紧迫的工作，下面将给出一套对现行养老保险制度收支测算的数量方法。

第一节　养老保险收支测算的一般模型

我国现行城乡职工养老保险制度是贯彻国务院 1997 年下发《国务院关于建立统筹企业职工基本养老保险制度的规定》（以下简称《规定》）、2014 年《国务院关于建立统一的城乡居民基本养老保险制度的意见》等文件精神（以下简称

《意见》)，从对《规定》和《意见》等党中央和国务院对养老保险基金工作要求的充分解读，本节将构建养老保险收支测算一般模型。

缴费收入是由企业和个人缴纳的费用组成。按照《规定》，企业缴费不超过工资总额的20%，个人缴费为工资的8%，养老保险总缴费率不超过28%。则有：

月缴纳养老保险费 = 企业缴纳的社会统筹基金 + 个人缴纳的个人账户基金

= 月工资总额 ×（企业缴费率 + 个人缴费率）

给付支出是由基础养老金和个人账户养老金组成。则有：

月基本养老金 = 基础养老金 + 个人账户养老金

基础养老金 = 地区上年度职工月平均工资 × 基础养老金给付率（20%）

个人账户养老金 = 个人账户储存额 / 计发系数

建立基本养老保险收入与支出模型，重要的是确定目标期间。目标期间是指为了进行基金收支平衡分析，而人为假定的区间。在此期间内，对基金的收入与支出进行分析，并明确在此期间政府应该承担的责任。设定目标期间为n年，为便于汇总，将每年的基金收入与支出均折算到目标期结束的时点，并且规定基金的收入与支出均折算在当年年末。

一、养老保险基金收入一般模型

由上文所述，将目标期间每年基金缴费收入全部贴现到目标期结束时点，基金缴费收入是I、缴费率为c、基金投资回报率是r、工资增长率为k、缴费人口增长率为g、目标期间n的函数，$I_i=f_i(c, r, k, g, n)$，n=1，2，…，n。w为社会平均工资，基期社会平均工资则为w_0，则第i年的社会平均工资可以表示为

$$w_i = w_0(1 + k_1)(1 + k_2)\cdots(1 + k_i) = w_0\prod_{i=1}^{n}(1 + k_i) \tag{2-1}$$

第i年缴费人口A_i可以表示为

$$A_i = A_0(1 + g_1)(1 + g_2)\cdots(1 + g_i) = A_0\prod_{i=1}^{n}(1 + g_i) \tag{2-2}$$

第i年养老保险缴费收入I_i，则

$$I_i = w_0 c_i A_0\prod_{i=1}^{n}(1 + k_i)\prod_{i=1}^{n}(1 + g_i) \tag{2-3}$$

将第 i 年养老保险缴费收入 I_i 统一折算到第 n 年末，保费收入记为 FI_i，则：

$$FI_i = I_i(1 + r_{i+1})(1 + r_{i+2})\cdots(1 + r_n) = I_i\prod_{m=i+1}^{n}(1 + r_m) \quad (2\text{–}4)$$

将式（2–3）代入式（2–4）则有

$$FI_i = w_0c_iA_0\prod_{i=1}^{n}(1 + k_i)\prod_{i=1}^{n}(1 + g_i)\prod_{m=i+1}^{n}(1 + r_m) \quad (2\text{–}5)$$

按照《规定》要求，式（2–5）为养老保险基金收入的一般模型，此模型考虑到了社会平均工资水平、缴费率、缴费人数等基本要件，还从动态角度考虑到缴费人数增长率、社会平均工资增长率和基金投资回报率等因素，是比较全面的反映养老保险基金收入总量的数学模型。

二、养老保险基金支出一般模型

为了便于计算比较，现将目标期间每年基金发放支出同样全部折算到目标期结束时点，基金发放支出 E 是替代率 t、基金投资回报率 r、工资增长率 k、参保退休人口增长率 h、目标期间 n 的函数，即 E=f（t，r，k，h，n）。w 为社会平均工资，基期社会平均工资则为 w_0，B_i 为第 i 年退休参保人口，则有

$$B_i = B_0(1 + h_1)(1 + h_2)\cdots(1 + h_i) = B_0\prod_{i=1}^{n}(1 + h_i) \quad (2\text{–}6)$$

第 i 年养老金支出总额为

$$E_i = w_{i-1}t_iB_i \quad (2\text{–}7)$$

将式（2–6）代入式（2–7）则有

$$E_i = w_0t_iB_0\prod_{m=1}^{n-1}(1 + k_m)\prod_{i=1}^{n}(1 + h_i) \quad (2\text{–}8)$$

将第 i 年养老保险支出 E_i 统一折算到第 n 年末，保费支出记为 FE_i，则

$$FE_i = E_i(1 + r_{i+1})(1 + r_{i+2})\cdots(1 + r_n) = E_i\prod_{m=i+1}^{n}(1 + r_m) \quad (2\text{–}9)$$

将式（2–8）代入式（2–9），则第 n 年末养老保险支出总额为 FE_i，则有

$$FE_i = w_0t_iB_0\prod_{m=1}^{n-1}(1 + k_m)\prod_{i=1}^{n}(1 + h_i)\prod_{m=i+1}^{n}(1 + r_m) \quad (2\text{–}10)$$

按照《规定》要求，式（2–10）为养老保险基金支出的一般模型，此模型考虑到了社会平均工资水平、替代率、领取人数等基本要件，还从动态角度考虑

到领取人数增长率、社会平均工资增长率和基金投资回报率等因素，是全面反映养老保险基金支出总量的数学模型。

三、目标期间养老保险基金均衡模型

在目标期内，养老金缴费收入与养老金支出均衡的实质是拿养老金当年收入大于支出时期的积累去弥补养老金当年收不抵支时期的缺口。到目标期末时，养老金结余全部用完，即实现目标期间内的收支平衡。因此，目标期内养老金收支平衡意味着每年养老金积累额（包括正积累和负积累）按养老金增值率计算的期末终值之总和应等于零。

我国养老保险体系在体制转轨的过程中，近年来虽然政府财政也一直向基本养老保险进行着转移支付以弥补基金缺口，但是却没有正面考虑基金平衡中政府分担的责任和弥补方案。现行制度的设计实质上是期望在新制度中自行消化转制成本，从而成为现在基金缺口日益增大的重要原因。在一般模型中假定不考虑精算隐性债务数量进而进一步明确政府的责任，而是考虑在一定目标期间内，将政府承担债务因素纳入基金平衡模型，明确政府在此期间应当承担的偿债责任，便于对养老保险收支不均衡的预警及时采取恰当的应对措施以规避可能发生的支付风险。

不考虑政府偿还隐性债务时基金平衡模型，即为每年养老金积累额按养老金增值率贴现到期末终值之总和等于零计算，公式可表示为

$$\sum_{i=1}^{n}(FI_i - FE_i) = 0 \tag{2-11}$$

将式（2-5）和式（2-10）代入式（2-11）则有

$$\begin{aligned}\sum_{i=1}^{n}(FI_i - FE_i) = w_0\prod_{m=i+1}^{n}(1+r_m)[c_iA_0\prod_{i=1}^{n}(1+k_i)\prod_{i=1}^{n}(1+g_i)- \\ t_iB_0\prod_{t=1}^{n}(1+h_i)\prod_{m=1}^{n-1}(1+k_m)] = 0\end{aligned} \tag{2-12}$$

如若考虑目标期内政府债务责任，记为 FD_i，则养老保险基金均衡模型可以表示为

$$\sum_{i=1}^{n}(FI_i - FE_i + FD_i) = 0 \tag{2-13}$$

由此，通过固定养老保险收支均衡模型中的部分变量，可以对另一些变量进行试算，此养老保险收支均衡测算一般模型是其他衍生计算方法的基础。

第二节　基于改良人口精算模型的养老保险收支测算方法

前文所述的一般模型中，是将参保缴费和领取养老保险的人数以一个既定数值输入到模型中参与计算，下面将讨论一种新的参保人数计算方法，即改良人口精算的方法。人口精算的方法是人口学中对多年份各年龄（段）人口数进行推算的数量分析方法，它的优点在于参数既定情况下，可以较为精准地推断一国（地区）分年龄、分性别的居民人口数量和人口结构分布情况，并且可以做人口数量、人口结构发展趋势预测分析。

本书提出的改良人口精算模型是考虑到我国普遍二孩生育政策提出的，其创新之处在于将生育意愿因素考虑在精算模型之中，使对人口估算的结果更合理、更接近实际。

一、人口数量影响分析

根据人口学理论，一定时期内某一地区的人口数取决于该地区的出生人数、死亡人数、迁入和迁出人数等。期初人口数据通常以普查数据为基础，因为通常我国人口普查数据提供了分性别、分年龄等多口径的人口数据，可以为后续计算提供多个研究切入口。同时采用生命表技术，通过预测出生率、死亡率及净迁入率（迁入率减去迁出率）的变化趋势，即可对人口数量和人口结构进行测算。

（一）出生率

出生率是指，一定时期内（通常为一年）某一地区的新生儿数量与同期内平均人数的之比。这个公式计算出的出生率就称作粗出生率，它受到国家生育政策、居民的生育意愿等的影响。出生率的大小直接影响着未来人口结构的变化，是人口结构变化的基础。

从另一角度看，育龄妇女（在 15~49 岁的已婚妇女）的生育率和育龄妇女占人数决定了新生婴儿的多少。育龄妇女的生育率越高，育龄妇女人数越多，出生率一般也越高，初生婴儿也就越多。因此，通过育龄妇女的人数和生育率来计算新生儿的数量，考虑到了人口中育龄妇女所占的比例，比直接利用总人口和粗出生率来计算更加准确可靠。因此，较多研究是利用育龄妇女的人数和生育率来考虑新生儿的多少。其计算公式为：

新生儿数量 = 育龄妇女数 × 生育率

在改良人口精算模型中，生育率是考虑了育龄妇女生育意愿情况下的生育率。对生育意愿参数通常有以下两种计算方法，第一种方法是通过抽样调查方法推断普遍二孩政策下，当前我国城乡育龄妇女的生育意愿情况比例数，用以对生育率进行修正；第二种方法是借鉴生育政策与我国目前生育情况近似的国家的生育率数据。两种方法的局限性是显而易见的，第一种方法得到的修正生育率更准确，但过程较复杂，成本较高；第二种方法数据较易获取，但准确性有待考证。但从理论方法研究角度看，两种方法都可以表现出改良人口精算模型的创新观点。

（二）死亡率

死亡率是指，一定时期内（通常为一年）某一地区的死亡人数与同期内平均人数的之比。死亡率高低主要与年龄有关系，年龄越大，死亡率越高。同时，居住环境、生活习惯、医疗水平以及性别的不同也会对死亡率的大小造成一定的影响。

（三）净迁入率

净迁入率是指，一定时期内（通常为一年）某一地区的净迁入人数占同期平均人口数量的比率，净迁入率是迁入率和迁出率之差。随着我国城镇化进程的加快，大量高素质的年轻劳动力涌向城市，而老年人口则一般留在农村养老。同时，迁移人口还会受到年龄制度的影响。迁移人口，包括迁入和迁出人口，都主要集中在青壮年年龄段。因此，不同年龄的迁移率差距较大，需要分年龄进行分析。

综合起来可以知道：对于新生儿的人口数量，可以根据每年的育龄妇女数及其生育率算出；对于 0 岁以上人口数的计算，考虑到死亡率和净迁入率，根据人口数的推移计算得到。因此，对未来人口数量和人口结构进行预测就需要对未来生育率、死亡率、净迁入率等进行预测和一定的假设。

二、基于改良人口精算方法的人口预测模型

根据人口学理论，一定时期内某一区域内的人口数受出生人口、死亡人口、迁入人口和迁出人口等因素的影响，而新生儿人口数主要受育龄妇女人口数和育龄妇女的生育率的影响。因此，预测模型分为两部分，一是利用育龄妇女修正生育率对新生儿的数量进行预测；二是对于 0 岁以上的人数，利用死亡率、净迁移率对人口进行推移预测。

（一）新生儿预测模型

新生儿数量主要受当年育龄妇女数和生育率的影响，所有育龄妇女一年内所生的孩子就是该年的新生儿数量。用 $P_{t,x}$、$P^m_{t,x}$、$P^f_{t,x}$分别表示在 t 年 x 岁的总人口、男性、女性的数量，$f_{t,x}$ 表示在 t 年 x 岁的女性生育率，B_t 表示在 t 年的新生儿数量，$B_{t,x}$、$B^m_{t,x}$、$B^f_{t,x}$表示在 t 年 x 岁的女性所生育的新生儿的总数、男婴数和女婴数。有

$$B_{t,x} = P^f_{t,x} \times f_{t,x} \quad (2\text{–}14)$$

由于育龄妇女的年龄是 15~49 岁之间，则在 t 年新生儿的数量为该年 15~49 岁育龄妇女所生育的孩子的总和，即为

$$P_{t,0} = B_t = \sum_{x=15}^{49} B_{t,x} = \sum_{x=15}^{49} P^f_{t,x} \times f_{t,x} \quad (2\text{–}15)$$

设在 t 年新生儿中男孩比重为r^m_t，则在 t 年新生儿中男孩和女孩数分别为：

$$P^m_{t,0} = P_{t,0} \times r^m_t = \sum_{x=15}^{49} P^f_{t,x} \times f_{t,x} \times r^m_t \quad (2\text{–}16)$$

$$P^f_{t,0} = P_{t,0} \times (1 - r^m_t) = \sum_{x=15}^{49} P^f_{t,x} \times f_{t,x}(1 - r^m_t) \quad (2\text{–}17)$$

根据式（2–16）、式（2–17）就可以计算出未来各年男性和女性的新生儿数量。

（二）0 岁以上人口的预测模型

0 岁以上人口的数量的变化主要是考虑受死亡率和净迁入率的影响，运用年龄推移算法就能够得到 0 岁以上分年龄、性别的农村人口数。如某一年 x+1 岁的男性人数即为上一年 x 的男性人口数减去上一年 x 岁男性死亡人数，再加上 x 岁男性人口的净迁入人口数。

用（NIR）$_{t,x}$表示在 t 年 x 岁人口的净迁入率，$d^m_{t,x}$、$d^f_{t,x}$分别表示在 t 年 x 岁男性、女性的死亡率，则有 t+1 年 x+1 岁的男性、女性人口数$P^m_{t+1,x+1}$、$P^f_{t+1,x+1}$分别为

$$\begin{aligned} P^m_{t+1,x+1} &= P^m_{t,x} - P^m_{t,x} \times d^m_{t,x} + P^m_{t,x} \times (1 - d^m_{t,x}) \times (NIR)_{t,x} \\ &= P^m_{t,x} \times (1 - d^m_{t,x}) \times (1 + (NIR)_{t,x}) \end{aligned} \quad (2\text{–}18)$$

$$\begin{aligned} P^f_{t+1,x+1} &= P^f_{t,x} - P^f_{t,x} \times d^f_{t,x} + P^f_{t,x} \times (1 - d^f_{t,x}) \times (NIR)_{t,x} \\ &= P^f_{t,x} \times (1 - d^f_{t,x}) \times (1 + (NIR)_{t,x}) \end{aligned} \quad (2\text{–}19)$$

通常以人口普查分年龄、分性别人口数据除法，运用式（2–18）、式（2–19）就可以计算出 0 岁以上各个年龄的男性人数和女性人数。

三、人口精算模型的影响因素预测与假定

在原始数据基础上，对分性别、分年龄的人口数进行预测，还需要出生率、死亡率和迁移率，并需要对它们进行预测和一定的假设。

新生儿的人数主要受育龄妇女的生育率和育龄妇女的人数影响。育龄妇女是指 15~49 岁的女性，人数可以直接在当年各年龄女性人数中得到，对各年龄女性的生育率进行预测可以通过年鉴数据获得，或者通过平均增长率、回归分析和时间序列分析等数量方法算得。其实普遍二孩政策实施以前，我国的生育率历年间变化不大，但普遍二孩政策实施后，则需要考虑育龄妇女“生育意愿”这一参数，并运用这一参数对生育率进行修正，进而得到修正生育率。

通过对近三次人口普查数据中新生儿性别的观察，男女新生儿性别比（男 / 女）均固定在 1.08 附近，说明新生儿性别比例变化不大，因此假设未来 0 岁婴儿性别比也不会发生太大的变化，实证分析中性别比可采用这一数值参与计算。

由于死亡率的大小主要受年龄的影响，在生活环境、医疗水平没有发生重大变化的情况下，死亡率的变化很小。因此分性别、各年龄人口的死亡率假设在未来不发生变化。死亡率按中国保险监督委员会 2005 年发布的《中国人寿保险业经验生命表》（2010~2013 年）中的概率计算。具体的死亡率数据见附录《中国人寿保险业经验生命表》（2010~2013 年）。

人口净迁入率的计算将用到前文提出的人口预测模型方法。首先，在不考

虑迁移率的情况下，利用人口普查数据采用年龄推移的方法计算出某年各年龄的人口占总人口的比例，即令式（2–18）、式（2–19）中的（NIR）$_{t,x}$假设为0；其次，将普查数据及前面得到的变量值代入式（2–16）、式（2–17）、式（2–18）、式（2–19）中得到某年分年龄和性别的人口数；最后，用抽样调查数据中的各年龄所占比例减去用年龄推移方法计算出的某年分年龄的人口占总人口的比例，得到的结果即为分年龄某年的净迁入率，求平均值即得到分年龄的年净迁入率。

四、考虑地区政策差异性的养老保险收支模型

我国现行城镇职工养老保险制度以1997年国务院下发《国务院关于建立统筹企业职工基本养老保险制度的规定》为标志，形成了中央宏观统筹部署养老保险工作指导方针，各地区根据实际情况根据国家总体部署制定各地具体养老保险管理实施办法。主要表现为各地区的以基本工资为标准的缴费基数的差异、个人账户缴费档次的差异等。

养老保险制度在各地区间的差异性直接决定了对于我国养老保险收入和支出的测度。只是建立在国家层面，只依靠前文提出的一般模型还远远不够。因为每个省市在养老保险基金缴费和领取等关键制度环节的规则有所差异，所以在本书后续实证分析的部分，主要以省域为研究空间范围，即根据各省在养老保险基金收缴和给付的制度规定，以本书第二章第一节提出的养老保险收支测算一般模型为基础，构建差异性的省域养老保险收入和支出模型，进而分析各省养老保险基金收支均衡和预测。

此外，本书后续实证研究较前文提出的养老保险收支测算一般模型的先进性还体现在对于养老保险基金中参保人口的计算方面，在计算时采用的是改良人口精算模型方法。

实证研究篇

海南省新型城乡居民基本养老保险
收支测算与政策模拟研究

北京市新型农村社会养老保险
收支测算和政策模拟研究

第三章

海南省新型城乡居民基本养老保险收支测算与政策模拟研究

第一节　绪　论

为贯彻落实《国务院关于建立统一的城乡居民基本养老保险制度的意见》（国发〔2014〕8号），海南省在2014年12月出台了《海南省城乡居民基本养老保险经办规程（试行）》，标志着海南省建立了新型统一的养老保险制度，社会保障水平进一步提高。

海南省是我国著名的宜居之地、长寿之乡，因此海南省的人口老龄化与老年人生活保障问题更加突出。养老保险又是社会保障体系的重中之重，因此对海南省养老保险基金收支规模测算和收支均衡分析显得尤为重要。

本章将以海南省为例，在改良人口精算模型（加入生育意愿参数）的基础上构建养老保险收入与支出模型，从而测算并预测海南省城乡居民基本养老保险2015~2030年收支规模，最后针对缴费档次数额、计发系数、延迟养老金领取年龄等重要制度参数进行政策模拟分析。

本章主要围绕人口精算模型与养老保险收支测算模型展开，关于这两方面国内学者进行了许多有意义的研究。

在人口精算方面，郭志刚（2011）以第六次人口普查为基础，模拟了1999~2010年的人口进程及主要指标，与其他来源的人口指标进行比较，发现以往的人口精算模型脱离了实际，高估了生育水平而低估了老龄化水平。李晖和陈锡康（2013）利用人口投入产出模型及计量经济学相关方法，计算出我国2010~2030年各年人口总量以及各年龄段人口数量。高圣国（2011）以2000年人口普查为基础，建立了分年龄性别的人口精算模型。于潇和黄敦平（2014）将迁移人口引入到人口精算模型，根据分年龄段净迁入率计算各年龄段的迁移人口，据此得到分年龄段性别的人口数。孟令国和李超令等（2014）采用“人口—发展—环境模型（PDE）”，以第六次全国人口普查数据为基础，设计低、中、高三种生育率方案，对我国 2015~2050 年人口结构变化走势进行了预测。通过阅读文献发现，不论采用哪种人口精算方法，基本都只从出生率、死亡率以及净迁入率，即在传统的人口精算方法下计算人口数量和分析人口结构。本章在借鉴前人研究的基础上，将净迁入率细化到每个年龄（段），得到更加准确的净迁移人口。同时，考虑到普遍二孩政策的实施，引入生育意愿这个参数对生育率进行修正，从而优化人口精算模型，使人口预测更加接近实际，为后面的养老保险收支预测奠定基础。

对于收支测算方面，刘学良（2014）通过建立养老保险精算评估模型，预测了 2010~2050 年中国全口径养老保险收支缺口和政府隐性债务，折算到 2010 年高达 57.5 万亿元，相当于 2010 年 GDP 的 143%。薛惠元和王翠琴（2009）比较了现收现付制和基金制的养老保险成本。陈曦（2017）以降费率对养老保险收入和支出影响为视角，定量分析降费空间问题，发现如果以 2014 年为模拟期，每降低百分之一的缴费率，基金收入提高约 394 亿元，同时发现缴费年限与养老保险基金收支缺口之间存在“倒 U”型关系，缴费年限少于 25 年，延长缴费年限会加大收支缺口；在超过 25 年的情况下，延长缴费年限会缩小收支缺口。与上述学者们研究不同，本章在考虑参保人数变化的前提下，根据海南省 2014 年颁布的新型城乡居民基本养老保险制度为依据，构造收入和支出模型，旨在研究该制度下海南省现在和将来养老保险基金收入支出规模、均衡性以及该项养老保险制度的可持续性问题。

第二节　海南省城乡居民基本养老保险制度

2014 年 6 月 17 日，海南省人民政府印发《海南省城乡居民基本养老保险暂行办法》（以下简称《办法》），该《办法》是为了进一步统筹城乡发展，逐步缩

小城乡差距，推进基本公共服务均等化，根据《中华人民共和国社会保险法》等法律法规，结合该省实际制定的。城乡居民基本养老保险的基本方针是“全覆盖、保基本、有弹性、可持续”。以增强公平性、适应流动性、保证可持续性为重点，全面推进和不断完善覆盖全体城乡居民的基本养老保险制度，充分发挥社会保险对保障人民基本生活、调节社会收入分配、促进城乡经济社会协调发展的重要作用。

一、参保范围

凡具有海南省行政区域内户口（包括农业户口和非农业户口），年满 16 周岁（不含在校学生）、非国家机关和事业单位工作人员，当期未参加城镇从业人员基本养老保险等现有社会养老保险制度，未领取城镇从业人员基本养老金及其他社会养老金的城乡居民，可以在户口所在地自愿参加城乡居民养老保险。

二、保费筹集方式

城乡居民养老保险基金由个人缴费、集体补助、政府补贴构成。有条件的村集体经济组织应当对参保人缴费给予补助，补助标准由村民委员会召开村民会议民主确定，鼓励有条件的社区将集体补助纳入社区公益事业资金筹资范围。鼓励其他社会经济组织、公益慈善组织、个人为参保人缴费提供资助。补助、资助金额合计不得超过本办法规定的最高缴费档次标准。

城乡居民养老保险缴费标准设为 100 元、200 元、300 元、400 元、500 元、600 元、700 元、800 元、900 元、1000 元、1500 元、2000 元、3000 元，共 13 个档次。参保人员应按年一次性缴费，并在一个缴费年度内只能选择一个缴费档次缴费。缴费标准随城乡居民收入增长等情况适时调整。

城乡居民养老保险实行政府补贴与个人缴费挂钩，多缴多补。对于选择 100 元缴费档次的，政府给予每人每年 30 元的基础补贴。所需资金由省财政与市、县、自治县财政（含洋浦经济开发区）分担。其中，省财政与海口市、三亚市、洋浦经济开发区财政按 4∶6 的比例分担，省财政与其他市、县、自治县财政按 6∶4 的比例分担。

对选择较高档次标准缴费的，适当增加补贴金额；对选择 200 元及以上缴费档次的，政府除按前款规定给予基础补贴外，按每增加一个缴费档次另给予不少于10元的补贴。

参保人员未按照本办法规定缴纳城乡居民养老保险保费，造成其达到60周岁时不符合按月领取城乡居民养老保险待遇条件的，可以选择一次性补缴至满15年（制度实施时距60周岁不足15年的参保人员可补缴欠缴年限的城乡居民养老保险保费），按月领取城乡居民养老保险待遇；也可以选择终止城乡居民养老保险关系。已经办理按月领取城乡居民养老保险待遇的人员，不得再补缴养老保险费。

三、保费领取办法

参加城乡居民养老保险且年满60周岁的城乡居民，符合下列条件之一且未领取城镇从业人员基本养老金及其他社会养老金的，自城乡居民养老保险经办机构核定的次月起，可按月领取城乡居民养老保险待遇：

（1）制度施行之日，距60周岁15年以上并实际缴费累计达15年以上（含15年）的；

（2）制度施行之日，距60周岁不足15年并按年实际缴费至60周岁的；

（3）制度施行之日，已年满60周岁的。

城乡居民养老保险待遇由基础养老金和个人账户养老金组成，支付终身。政府对符合城乡居民养老保险待遇领取条件的城乡居民全额支付基础养老金。其中，2014年城镇居民基础养老金标准为每人每月130元，上半年农村居民基础养老金标准为每人每月100元，下半年为每人每月120元，以后年度逐步拉平城乡居民基础养老金。2015年调整为城乡居民均为每月145元/人。

已经参加海南省城乡居民社会养老保险的，并且年满60周岁的居民，按月享受养老金待遇，个人账户养老金均按计发系数确定个人账户养老金标准，即月计发标准为个人账户全部储存额除以139，个人账户资金不足时由社会统筹账户支付。社会统筹账户基金不足支付时，由市、县、自治县财政给予弥补。将海南省新型城乡基本养老保险制度要点归纳为表3-1。

表 3-1 海南省新型城乡基本养老保险制度概要

参保范围	具有本省行政区域内户口，年满 16 周岁（不含在校学生）、非国家机关和事业单位工作人员，未参加现行社会养老保险和领取其他社会养老保险金的城乡居民
筹资方式	个人缴费、集体补助、政府补贴
个人缴费标准	按 100 元、200 元、300 元、400 元、500 元、600 元、700元、800 元、900 元、1000 元、1500 元、2000 元、3000 元 13 个缴费档次，参保人按年只能选择一个档次一次性缴清；后调整为 200~5000 元等 13 个档次
集体补助	个人缴费、集体补助、其他收入及利息
政府补贴	政府补贴与个人缴费挂钩多缴多补，选择 100 元档次给予基础补贴 30 元，选择较高档次的缴费 200 元以上，除给予基础补贴外每增加一个档次按不少于 10 元的补贴，后调整为 200 元档次以上每年补贴 40 元 / 人
养老金待遇	由基础养老金和个人账户养老金组成，支付终身 参保居民：个人账户养老金（2014 年城镇居民每年是 130 元 / 人，上半年农村居民基础养老金标准为每月 100 元 / 人，下半年为每月 120 元 / 人；2015 年调整为城乡居民均为每月 145 元 / 人）
账户设置	个人账户、社会统筹账户
个人账户发放标准	已经参加海南省城乡居民社会养老保险的，并且年满 60 周岁的居民，按月享受养老金待遇，个人账户养老金均按计发系数确定个人账户养老金标准，即月计发标准为个人账户全部储存额除以 139，个人账户资金不足时由社会统筹账户支付
资金筹集	个人账户资金由个人缴纳以及政府补贴两部分组成，其中政府补贴部分由省财政与市、县、自治县财政共同分担 社会统筹账户养老金由未能继承的原被征地农民基本养老保险基金中政府缴纳的基本养老保险费、各级政府对被征地农民的缴费补贴，从被征地农民养老保险统筹准备金提取的用于弥补基金缺口的资金及其他资金
养老金领取条件	新农保及城居保施行之日，距 60 周岁 15 年以上并实际缴费累计达 15 年以上 制度施行之日，距 60 周岁不足 15 年并按年实际缴费至 60 周岁的 制度施行之日，已年满 60 周岁的
待遇调整	基础养老金标准随本省经济发展和物价变动等情况适时调整

第三节 海南省人口现状分析

针对海南省新型城乡基本养老保险制度特点，现对与制度有关的人口数量、人口结构、老龄人口情况等方面进行分析。搜集 2011~2015 年的统计年鉴人口数据，海南省人口发展呈现下述几个特征。

一、人口总量低速增长，总体发展趋势保持平稳

从统计数据看，2017 年末，海南省常住人口总量达到 925.76 万人，比 2005 年增加 97.76 万人，12 年间平均每年增加了约 8.15 万人。从增长率看，2005~2010 年常住人口年平均增长率为 0.96%，而 2010~2017 年这一增长率为 0.92%。12 年间，全省人口出生率最低为 2014 年的 14.56‰，最高是 2017 年的 14.73‰。其实从 2011 年的 14.72‰以后，出生率基本保持平稳略降态势，而对于 2017 年出生率的明显反弹，普遍二孩政策的实施是主要影响因素。总体来看，人口死亡率和人口自然增长率基本保持平稳状态，如表 3-2 所示。

表 3-2　2005~2017 年海南省人口基本情况

年份	常住人口（万人）	出生率（‰）	死亡率（‰）	自然增长率（‰）
2005	828.00	14.65	5.72	8.93
2006	835.88	14.59	5.73	8.86
2007	845.03	14.62	5.72	8.91
2008	854.18	14.71	5.71	8.99
2009	864.07	14.66	5.70	8.96
2010	868.55	14.71	5.73	8.98
2011	877.38	14.72	5.75	8.97
2012	886.55	14.66	5.81	8.85
2013	895.28	14.59	5.90	8.69
2014	903.48	14.56	5.95	8.61
2015	910.82	14.57	6.00	8.57
2016	917.13	14.57	6.00	8.57
2017	925.76	14.73	6.01	8.72

资料来源：《海南省统计年鉴》。

二、老年人口占比增加，人口老龄化趋势明显

与1990年的第四次人口普查和2000年的第五次人口普查结果相比，2010年第六次人口普查数据可以看出最显著的人口结构变化为，65岁及以上人口比例跃升至8.07%，并且这一水平一直缓步上升到2017年的8.14%。根据国际对老龄化社会的认定标准，海南省早已经迈入老龄化社会的行列中，见表3-3。

表3-3 1990~2017年主要年份海南省常住人口年龄结构分布 单位：%

年份	0~14岁	15~64岁	65岁及以上
1990	33.08	61.51	5.41
2000	27.43	65.83	6.74
2010	19.78	72.15	8.07
2011	19.65	72.36	8.08
2012	19.50	72.43	8.07
2013	19.49	72.42	8.09
2014	19.48	72.41	8.11
2015	19.49	72.38	8.13
2016	19.50	72.36	8.14
2017	19.51	72.35	8.14

三、人口老龄化区域覆盖广，全省大部分市县进入老龄化阶段

以2014年统计数据为例，海南全省老龄人口比例为8.11%，除东方市、五指山市和三亚市以外，其他市县均为老龄化社会。

由表3-4可以看出，人口老龄化在沿海经济发达地区明显快于中部山区。以65岁及以上人口占总人口比重看，文昌市是老龄化程度最高的城市，其余依次是琼海市、定安市、澄迈市、屯昌市、万宁市、临高市、昌江市、琼中市、保亭市、陵水市、儋州市、乐东市、海口市、白沙市。可能有两方面主要影响因素：一是受计划生育政策影响，中部及少数民族地区长期执行较为宽松的计划生育政策，因而出生率较高。例如，在东方市"多孩"家庭是很普遍现象。二是受劳动力转移的影响，在经济较发达地区如海口、三亚等地由于受到农村劳动力转移到城市增加了适龄劳动人口的影响，人口老龄化速度相对较慢。

表 3-4　海南省分市县老龄化比例及排名　　单位：%

市县	老龄人口比例	排名	市县	老龄人口比例	排名
文昌市	13.66	1	保亭黎族苗族自治县	7.55	10
琼海市	11.02	2	陵水黎族自治县	7.37	11
定安县	10.33	3	儋州市	7.32	12
澄迈县	9.91	4	乐东黎族自治县	7.17	13
屯昌县	8.76	5	海口市	7.08	14
万宁市	8.71	6	白沙黎族自治县	7.01	15
临高县	8.6	7	东方市	6.8	16
昌江黎族自治县	8.17	8	五指山市	6.02	17
琼中黎族苗族自治县	7.67	9	三亚市	4.7	18

第四节　海南省常住人口测算

本节首先构建人口精算模型，在一定假定条件下，对模型中的变量根据实际情况合理赋值，以 2012 年为海南省城乡居民人口精算模型的基期，推算至 2030 年包含生育率（出生率）、死亡率和净迁入率因素在内的 0~100 岁各个年龄男性、女性居民人数。分年龄常住居民人数将是下一节养老保险基金收入和支出测算的重要数据基础。

一、人口精算模型的构建

一个地区的人口数量主要受出生率、死亡率、净迁入率的影响。本节以 2012 年《海南省统计年鉴》人口数据为基期，运用人口推移方法，建立人口精算模型。

出生率是指一个地区在一段时期内出生的新生儿数占该地区总人口的比例。生育率是指当年每千人 15~49 岁育龄妇女生育的活婴总数。因此，对于新生儿数有两种计算方法：一种是以当期地区平均人口总数乘以出生率得到；另一种算法则为育龄妇女人数乘以生育率，综合评估现有数据及特点，本书采用第二种方法构建人口精算模型，并进行人口数量和结构的测算。本书的一大创新体现在对人

口精算模型的改良，具体表现在考虑全面二孩政策的影响下潜在的生育意愿对生育率的影响。分析 2010~2017 年海南省生育率的变化可以看出，全面二孩对海南省生育率的影响并不十分显著，甚至 2017 年生育率较前几年还略有下降。究其原因，其一，海南省在全面二孩政策颁布之前因地域性和少数民族聚居等原因，独生子女现象本就不普遍，二孩、三孩家庭很普遍，所以全面二孩政策对海南省城乡家庭生育意愿的影响并不十分明显；其二，生育政策的改变对生育率的影响存在一定传导过程，对生育率实际影响程度需要几年时间方可显现。目前尚无官方发布的全面二孩政策放开后的妇女分年龄生育率。综合上述分析，在充分尊重海南生育率特点前提下，考虑到美国一直是生育自由的国家，本书拟采用美国 1991 年的分年龄生育率（见表 3-5）作为生育意愿修正参数，对海南省生育率进行修正。当然，如果可以通过专项调查获得目前海南育龄妇女生育意愿数据是较为科学的方法，这项工作对研究海南省未来人口数量、人口结构和人口迁移等问题意义重大。

表 3-5　1991 年美国育龄妇女分年龄生育率

年龄组	15~19 岁	20~24 岁	25~29 岁	30~34 岁	35~39 岁	40~44 岁	45~49 岁
修正生育率（‰）	11.46	128.6	136.77	136.77	63.24	24.19	10.2

死亡率是指一个地区一段时期内死亡的人数占总人数口的比例。死亡率受年龄、医疗水平、环境的影响，其中年龄是主要影响因素。本书假设死亡率在未来不发生变化。书中死亡率按中国保险监督委员会发布的《中国人寿保险业经验生命表》（2010~2013 年）计算，见附录 A。

净迁入率是指一个地区在一段时期内迁入人口减迁出人口的差占该地区所有人口的比例。本书计算净迁入率的方法是，以 2012 年为基期，海南省人口分年龄段年鉴数据为基础，运用国家统计局第六次人口普查数据中 0~100 岁人口年龄分布比例为人口结构拆分依据，在考虑生育率和死亡率的情况下，逐年推算至 2017 年每年海南省城乡常住人口 0~100 岁男性、女性人数。此时得到的人数是没有考虑净迁入率因素的，而后以 2013~2017 年的年鉴人口数与推算的各年份各年龄人数做减法，即可以得到 2013~2017 年分年龄分性别净迁入率。将计算出的净迁入率运用几何平均值方法求得平均净迁入率，作为 2018~2030 年人口预测的净迁入率。

二、海南省人口结构及发展趋势预测

（一）0 岁人口的测算

对于新生儿人数的计算方法，本书采用育龄妇女人数与生育率乘积算得。$f_{t,x}$ 表示在 t 年 x 岁的女性生育率，$P^f_{t,x}$ 是 t 年 x 岁妇女人数。用 B_t 表示在 t 年的新生儿数量，$B_{t,x}$、$B^m_{t,x}$、$B^f_{t,x}$ 表示在 t 年 x 岁的女性所生育的新生儿的总数、男婴数和女婴数。

$$B_{t,x} = P^f_{t,x} \times f_{t,x} \tag{3-1}$$

设第 t 年新生儿中男婴所占的比例为 r^m_t，$P^m_{t,0}$ 为第 t 年 0 岁男孩人数，$P^f_{t,0}$ 为第 t 年 0 岁女孩人数，$P_{t,0}$ 为第 t 年新生儿数，则有：

$$P^m_{t,0} = P_{t,0} \times r^m_t = \sum_{x=15}^{49} P^f_{t,x} \times f_{t,x} \times r^x_t \tag{3-2}$$

$$P^f_{t,0} = P_{t,0} \times (1 - r^m_t) = \sum_{x=15}^{49} P^f_{t,x} \times f_{t,x} \times (1 - r^x_t) \tag{3-3}$$

（二）0 岁以上人口的测算

0 岁以上的人口数主要受死亡率和净迁入率的影响。用 $d^m_{t,x}$、$d^f_{t,x}$ 分别表示在 t 年 x 岁男性、女性的死亡率，用 $(NIR)_{t,x}$ 表示在 t 年 x 岁人口的净迁入率，则 t+1 年 x+1 岁的男性、女性人口数 $P^m_{t+1,x+1}$、$P^f_{t+1,x+1}$ 可表示如下：

$$\begin{aligned} P^m_{t+1,x+1} &= P^m_{t,x} - P^m_{t,x} \times d^m_{t,x} + P^m_{t,x} \times (1 - d^m_{t,x}) \times (NIR)_{t,x} \\ &= P^m_{t,x} \times (1 - d^m_{t,x}) \times (1 + (NIR)_{t,x}) \end{aligned} \tag{3-4}$$

$$\begin{aligned} P^f_{t+1,x+1} &= P^f_{t,x} - P^f_{t,x} \times d^f_{t,x} + P^f_{t,x} \times (1 - d^f_{t,x}) \times (NIR)_{t,x} \\ &= P^f_{t,x} \times (1 - d^f_{t,x}) \times (1 + (NIR)_{t,x}) \end{aligned} \tag{3-5}$$

（三）人口测算的假设和主要计算步骤

海南省分年龄分性别人口数的测算结果是养老保险基金收支测算的重要过程。在对分年龄分性别人数的测算中需要做出如下假定：

（1）2012~2030 年海南省人口性别比例稳定。在测算中，2012~2017 年性别

比例以年鉴数据为准，2018~2030年性别比例以往年年鉴性别比例数据为基础计算平均性别比例。

（2）2012~2030年海南省人口死亡率稳定。即以中国保险监督委员会2016年发布的《中国人寿保险业经验生命表》计算。

主要计算步骤为：

1）以2012年《海南省统计年鉴》分年龄人口数（分为0~14岁、15~64岁、65岁以上，共三段）为出发点，结合全国第六次人口普查数据海南省分年龄段人口分布比例（每5岁为一段），将年龄段分组进一步细化。再运用第六次人口普查数据中全国0~100岁人数分布比例将前述年龄段分组由5岁一个年龄段细化为1岁一段，即到此得到2012年海南省城乡常住人口0~100岁分年龄分性别人口数的计算。见表3-6、图3-1。

表3-6　2012年海南省分年龄分性别人口比例和数量　　单位：‰，人

年龄	男性比例	男性人数	女性比例	女性人数	人数合计	年龄	男性比例	男性人数	女性比例	女性人数	人数合计
0	6.18	54748	4.80	42576	97323	14	7.06	62569	5.72	50728	113297
1	7.06	62569	5.42	48011	110580	15	7.83	69412	6.54	57975	127388
2	7.06	62569	5.42	48011	110580	16	8.05	71368	6.85	60693	132060
3	6.84	60614	5.31	47105	107718	17	8.93	79189	7.66	67940	147128
4	6.84	60614	5.31	47105	107718	18	8.93	79189	7.66	67940	147128
5	6.62	58658	5.21	46199	104857	19	9.15	81144	8.07	71563	152707
6	6.62	58658	5.21	46199	104857	20	11.80	104607	10.63	94210	198817
7	6.07	53770	4.70	41670	95440	21	11.03	97764	10.12	89680	187444
8	6.18	54748	4.80	42576	97323	22	10.15	89943	9.30	82434	172376
9	6.40	56703	5.01	44387	101090	23	10.70	94831	9.81	86963	181794
10	6.51	57681	5.11	45293	102974	24	9.37	83099	8.69	76998	160098
11	6.18	54748	4.90	43481	98229	25	8.27	73323	7.66	67940	141263
12	6.84	60614	5.42	48011	108624	26	8.16	72345	7.56	67034	139379
13	6.73	59636	5.42	48011	107647	27	8.16	72345	7.46	66128	138473

续表

年龄	男性比例	男性人数	女性比例	女性人数	人数合计	年龄	男性比例	男性人数	女性比例	女性人数	人数合计
28	9.37	83099	8.48	75187	158286	55	6.01	53312	5.30	46983	100294
29	8.16	72345	7.36	65222	137567	56	6.01	53312	5.38	47706	101017
30	7.94	70390	7.15	63410	133800	57	5.47	48538	4.89	43369	91906
31	8.38	74300	7.46	66128	140428	58	5.47	48538	4.89	43369	91906
32	8.16	72345	7.36	65222	137567	59	4.67	41376	4.16	36863	78240
33	7.72	68435	6.85	60693	129127	60	4.67	41376	4.08	36141	77517
34	8.71	77233	7.77	68846	146079	61	4.30	38081	4.22	37409	75490
35	8.93	79189	7.97	70657	149846	62	3.69	32750	3.69	32733	65483
36	9.70	86032	8.58	76093	162125	63	3.52	31227	3.52	31174	62401
37	10.15	89943	8.99	79716	169659	64	3.26	28942	3.25	28836	57778
38	10.48	92876	9.30	82434	175309	65	2.92	25895	2.99	26498	52393
39	10.70	94831	9.40	83339	178170	66	2.84	25134	2.81	24939	50073
40	11.58	102652	10.32	91492	194144	67	2.58	22849	2.64	23381	46229
41	10.48	92876	9.40	83339	176215	68	2.49	22087	2.55	22601	44688
42	11.36	100697	10.12	89680	190377	69	2.49	22087	2.55	22601	44688
43	8.93	79189	8.07	71563	150752	70	2.41	21326	2.37	21042	42368
44	10.15	89943	8.99	79716	169659	71	1.98	17517	2.11	18704	36222
45	10.15	89943	8.99	79716	169659	72	2.23	19802	2.29	20263	40065
46	7.99	70817	7.01	62162	132979	73	2.06	18279	2.11	18704	36984
47	9.33	82753	8.07	71558	154311	74	1.89	16756	2.02	17925	34681
48	6.91	61269	6.03	53488	114757	75	1.72	15233	1.93	17146	32378
49	3.77	33419	3.42	30358	63777	76	1.55	13709	1.76	15587	29296
50	4.85	42968	4.24	37586	80554	77	1.55	13709	1.76	15587	29296
51	4.49	39785	3.83	33972	73757	78	1.29	11424	1.49	13249	24673
52	5.74	50925	4.89	43369	94293	79	1.12	9901	1.32	11690	21591
53	6.37	56495	5.46	48428	104923	80	1.12	9901	1.32	11690	21591
54	5.74	50925	5.05	44814	95739	81	0.77	6855	1.05	9352	16207

续表

年龄	男性比例	男性人数	女性比例	女性人数	人数合计	年龄	男性比例	男性人数	女性比例	女性人数	人数合计
82	0.77	6855	1.05	9352	16207	92	0.09	762	0.09	779	1541
83	0.60	5331	0.88	7794	13125	93	0.09	762	0.09	779	1541
84	0.52	4570	0.70	6235	10805	94	0.00	0	0.09	779	779
85	0.43	3808	0.62	5455	9264	95	0.00	0	0.09	779	779
86	0.34	3047	0.53	4676	7723	96	0.00	0	0.00	0	0
87	0.26	2285	0.44	3897	6182	97	0.00	0	0.00	0	0
88	0.17	1523	0.35	3117	4641	98	0.00	0	0.00	0	0
89	0.17	1523	0.26	2338	3861	99	0.00	0	0.00	0	0
90	0.09	762	0.26	2338	3100	100	0.00	0	0.00	0	0
91	0.09	762	0.18	1559	2320						

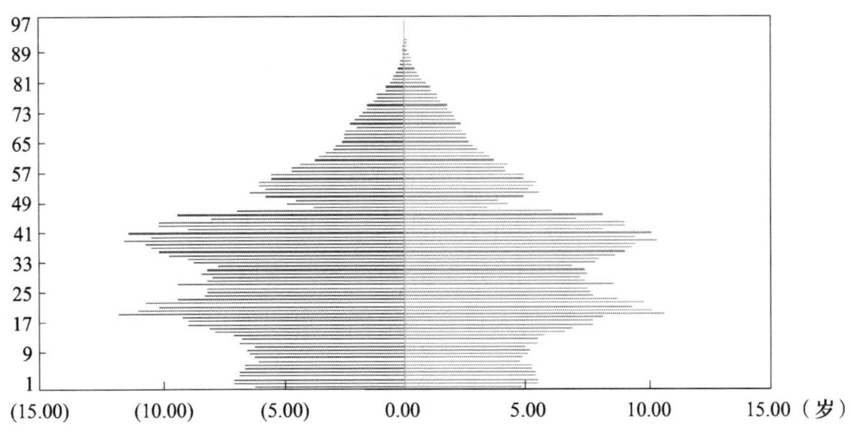

图 3-1　2012 年海南省分年龄分性别人口比例金字塔图

2）以 2012 年人口数据为基期，结合 2013~2017 年分年龄死亡率和经生育意愿参数修正后的生育率，逐年推算 2013~2017 年除净迁移率以外的人口数。

3）将 2013~2017 年鉴常住人口数按比例拆分成 0~100 岁人口数，对年龄人数与第二步计算结果做减法，得到各年龄人口净迁移率，求平均净迁移率为以后人口数据做准备。

4）以育龄妇女人数、修正生育率、死亡率、平均净迁入率代入改良人口精算模型，推算 2018~2030 年海南常住人口分年龄人口数，为后续计算养老保险收入和支出做好数据准备，结果如图 3-2 所示。

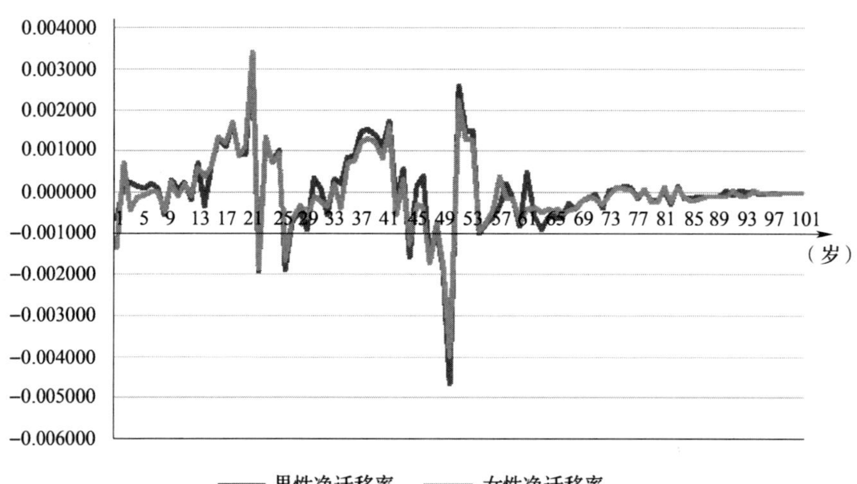

图 3-2　2013~2017 年海南省常住人口平均净迁移率

（四）人口测算结果分析

由表 3-6、图 3-1 可见，2012 年海南省常住人口分性别人口比例分布特征是，中青年人口比例较大，青少年、幼年人口比例大于 60 岁以上的老年人口比例。将改良人口精算模型推算的分年龄人口数，选取 2013 年、2015 年、2020 年、2025 年和 2030 年分别绘制人口金字塔图，可以看出海南省人口结构变化趋势。

从图 3-3~ 图 3-7 人口金字塔图可见，2013 年和 2015 年按年龄分人口比例呈现幼年、青少年人数比例较少，随着时间推移幼年和青少年人数有明显增加，可以看出全面二孩政策对人口结构的调整效果。从图中还可看出，到 2030 年，中青年人口数保持稳态增长，老年人口数相对降低，即老龄化人口压力有一定缓解。

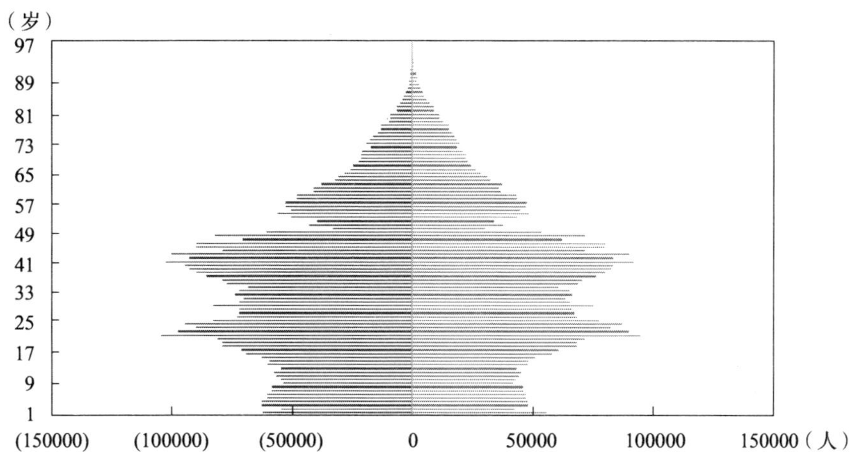

图 3-3　2013 年海南省分年龄人口数量金字塔图

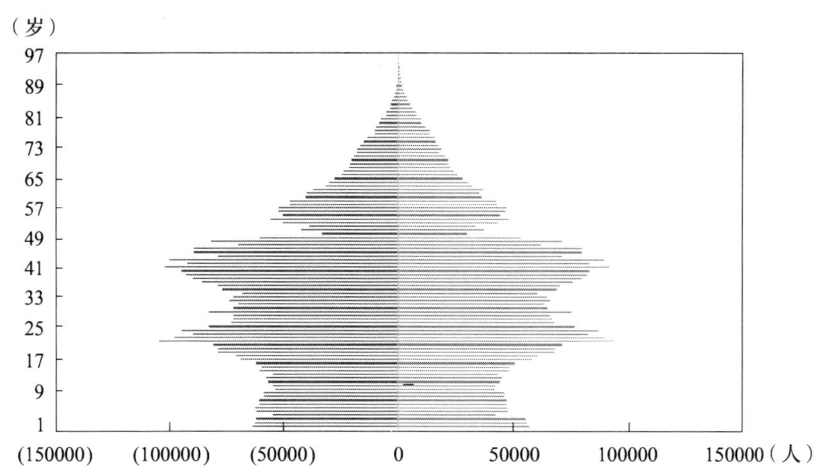

图 3-4　2015 年海南省分年龄人口数量金字塔图

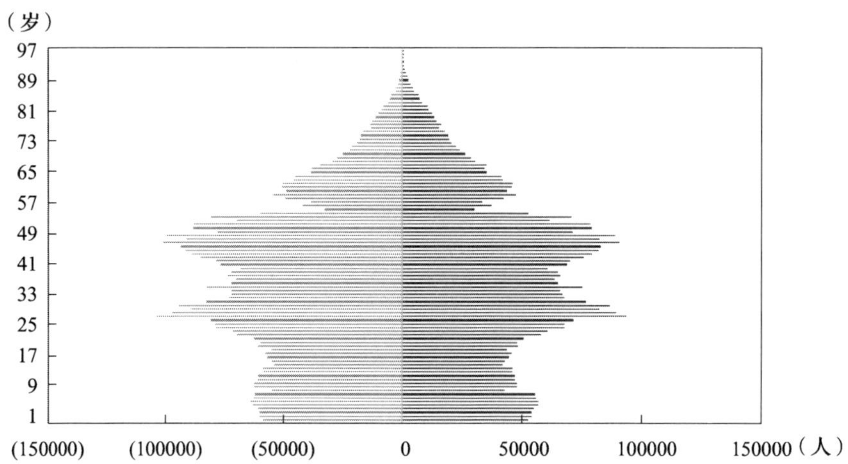

图 3-5　2020 年海南省分年龄人口数量金字塔图

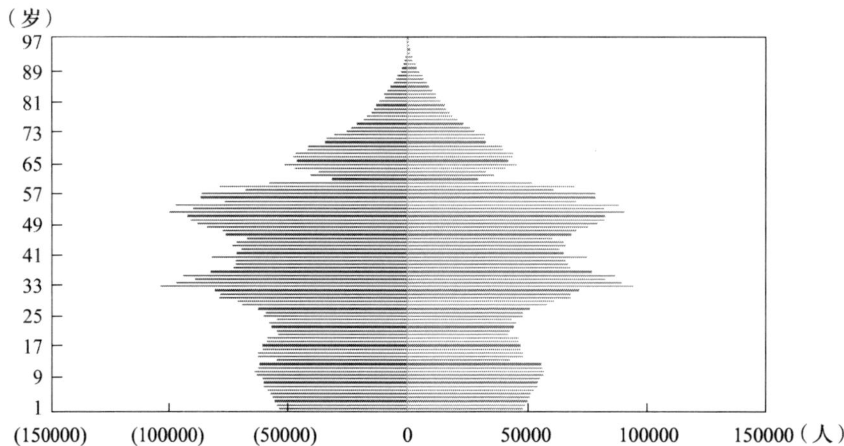

图 3-6　2025 年海南省分年龄人口数量金字塔图

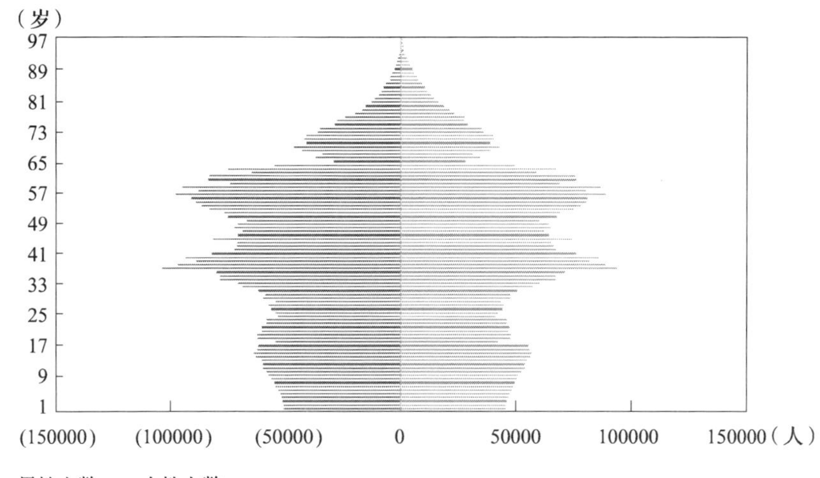

图 3-7　2030 年海南省分年龄人口数量金字塔图

表 3-7　2012~2030 年海南省常住人口数（年鉴值和预测值）　单位：万人

年份	常住人口	年份	常住人口
年鉴数值		预测数值	
2012	886.55	2018	934.03
2013	895.28	2019	940.83
2014	903.48	2020	947.12
2015	910.82	2021	952.96
2016	917.13	2022	958.43
2017	925.76	2023	963.43
		2024	968.05
		2025	972.26
		2026	976.09
		2027	979.52
		2028	982.59
		2029	985.32
		2030	987.77

表 3-7 是 2012~2030 年海南省常住人口年鉴数值和预测数值。从总体趋势可以看出海南省未来常住人口总数呈现缓步上升态势。

第五节　海南省养老保险收支模型与测算

海南省城乡居民基本养老保险制度从 2014 年 6 月 17 日开始实行。城乡居民基本养老保险的基本方针是“全覆盖、保基本、有弹性、可持续”。城乡居民基本养老保险由个人缴费、集体补助和政府补贴三部分组成。缴费标准设为 100 元、200 元、300 元、400 元、500 元、600 元、700 元、800 元、900 元、1000 元、1500 元、2000 元、3000 元 13 个档次，2015 年调整为 200~5000 元 13 个档次。参保人员应按年一次性缴费，并在一个缴费年度内只能选择一个缴费档次缴费。缴费标准随城乡居民收入增长等情况适时调整。

城乡居民养老保险实行政府补贴与个人缴费挂钩，多缴多补。2015 年以后对于选择 200 元缴费档次的，政府给予每人每年 40 元的基础补贴。对选择 200 元及以上缴费档次的，政府除按前款规定给予基础补贴外，按每增加一个缴费档次另给予不少于 10 元的补贴。城乡居民领取养老金年龄为 60 周岁，养老金领取条件为新农保及城居保施行之日，距 60 周岁 15 年以上并实际缴费累计达 15 年以上的城乡居民；制度施行之日，距 60 周岁不足 15 年并按年实际缴费至 60 周岁；制度施行之日，已年满 60 周岁的城乡居民。

根据海南省新型城乡居民养老保险制度规定，为方便测算，现将海南省居民分为“老人”“中人”“新人”三类。“老人”是指 2015 年海南省城乡居民基本养老保险制度实施时已经满 60 岁的人，按照规定领取基础养老金。2015 年海南省城乡居民基本养老保险制度实施时不满 60 岁的人当中 15~44 岁的人为“新人”，即到领取年龄时累计缴费年数在 15 年以上的；45~59 岁的人为“中人”，这部分人到领取年龄时累计缴费年数小于等于 15 年。

本节进行养老保险基金收支测算时，假设从 2015 年起海南省城乡居民按照养老保险制度规定应保尽保，且收支缺口按照当年基金收入和支出进行轧差。

一、养老保险基金收入模型与测算

按照海南省城乡居民基本养老保险制度的规定，凡年满 16 周岁不满 60 周岁的居民均可参加城乡居民基本养老保险。这其中不包括纳入和纳入行政事业单位编制管理，参加了城镇企业职工基本养老保险和学生。

（一）收入模型

用 $(DI)_t$、C_t 分别表示海南省居民人均可支配收入和缴费率，则二者的乘积即为缴费标准。用 $(EIR)_t$ 表示城乡居民基本养老保险的参保率，用 $(GS)_t$ 表示政府对个人缴费的补贴额。$P_{t,x}$ 为第 t 年 x 岁人口数。假设第 t 年新人的养老保险收入为 $(NI)_t$，则有：

$$(NI)_t = \sum_{x=16}^{44} P_{t,x} \times (DI_t \times C_t + GS_t) \tag{3-6}$$

根据海南省新型城乡居民基本养老保险制度的保费缴纳规定，参保居民缴费可在 200~5000 元 13 个档次中自由选择，这是海南省养老保险制度的特色之一。与海南省相对比，其他省份养老保险缴费多以人均可支配收入与缴费率乘积为缴费标准，海南省缴费制度则相对简单。以 JF_t 表示居民缴费档次，则式（3-6）可改写为：

$$(NI)_t = \sum_{x=16}^{44} P_{t,x} \times (JF_t + GS_t) \tag{3-7}$$

用 D_t 表示“中人”已缴费年数，假设第 t 年“中人”的养老保险收入为 MI_t，则有：

$$(MI)_t = \sum_{x=45}^{59} P_{t,x} \times (JF_t + GS_t) + P_{t,59} \times JF_t \times (15 - D_t) \tag{3-8}$$

因此，式（3-7）、式（3-8）为养老保险基金收入模型。

（二）养老保险基金收入总额的测算

根据海南省城乡居民基本养老保险制度规定，缴纳养老保险金的只是“新人”和“中人”两部分群体，“老人”因在本项养老保险制度实施之日已经年满 60 周岁，已经不需要缴纳个人养老保险金，与之相应的是“老人”没有个人账户，只能按月领取 145 元的基础养老金。所以，到此可以将 2015~2030 年各年份养老保险基金收入总额计算出来，结果见表 3-8。

表 3-8　各年份养老保险基金收入总额　　单位：万元

年份	基金收入总额	年份	基金收入总额
2015	176594.66	2023	163160.38
2016	174364.93	2024	164290.11
2017	171073.78	2025	158528.81
2018	171100.18	2026	183533.94
2019	166740.55	2027	181654.97
2020	161292.43	2028	174187.07
2021	161231.83	2029	175476.70
2022	157881.29	2030	176849.84

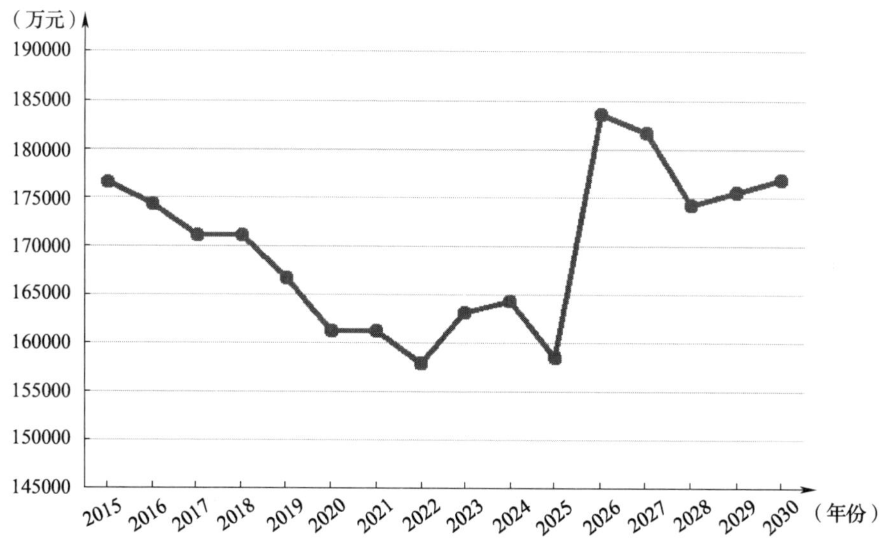

图 3-8　各年份养老保险基金收入总额趋势图

从表 3-8 和图 3-8 可以看出海南省新型城乡居民养老保险制度下，养老保险基金 2015~2030 年各年份基金收入总额的变化趋势图。2015~2022 年养老保险基金收入呈现下降趋势，2023 年有小幅反弹，2025 年又略有下降，到 2026 年上升幅度最大，2027~2030 年基金收入稳定在 175000 万元上下浮动，回归到 2015 年水平。影响养老保险基金收入的波动，最根本的原因还是人数，即随着人口逐

年推移，某一年缴纳养老保险的那个年龄段的人数增加或减少决定着养老保险基金收入的变动趋势。

（三）“中人”养老保险基金收入的测算

书中界定的“中人”是指在城乡居民基本养老保险制度实施之日到该居民60周岁缴费不满15年的人。根据养老保险制度规定，参保居民需要连续缴纳15年养老保险才可以在60周岁起按月领取养老金，但“中人”因为制度实施到他们60周岁已经不满15年，所以制度允许这部分居民在59周时可以趸交余下的养老保险。因此，在计算“中人”养老保险基金收入时需要注意两方面：一是“中人”的人数是逐年减少的；二是“中人”缴纳养老保险分两个阶段，第一阶段为59岁（含）以前按年度正常缴纳养老金阶段，第二阶段为59岁那一年趸交的养老金部分，而且根据制度规定，趸交的养老保险基金部分没有政府补贴。

基于改良人口精算模型计算的“中人”各年份人口数见表3-9。

表3-9　各年份养老保险“中人”缴费人数表　　单位：人

年份	年龄段	59岁居民趸交费年数	“中人”人数
2015	45~59岁	15	1685092
2016	46~59岁	14	1582182
2017	47~59岁	13	1484166
2018	48~59岁	12	1377091
2019	49~59岁	11	1281433
2020	50~59岁	10	1206793
2021	51~59岁	9	1124454
2022	52~59岁	8	1058793
2023	53~59岁	7	943865
2024	54~59岁	6	791635
2025	55~59岁	5	660555
2026	56~59岁	4	764722
2027	57~59岁	3	509477
2028	58~59岁	2	271246
2029	59岁	1	281363
2030	59岁	0	302858

由表 3-9 可以看出，“中人”人数的规模显著下降，这是由养老保险制度决定的。在 2015 年海南省城乡居民基本养老保险制度实施之日算起，已经有一部分居民群体，即“中人”群体，即便立即参保，因年龄原因在其 60 岁前仍无法做到连续缴费 15 年，所以制度规定了在 59 岁那一年可以趸交未满 15 年剩余部分保费。随着时间的推移，“中人”群体规模会逐步变小，如表 3-9 所示，到 2030 年“中人”群体将消失，届时也将不存在趸交保费的现象。

下面对“中人”养老保险基金收入模型变量进行赋值，由式（3-8）可知，JF_t 仍为 200 元，GS_t 仍为 40 元，其中 t=2015，2016，…，2030，D_t 为“中人”在第 t 年已经缴纳养老保险金的年数，则 $15-D_t$ 是“中人”在其 59 岁那年需要趸交的养老保险金的年数。按此赋值后，依照式（3-8）可以计算出“中人”各年份养老保险金缴费总额，即“中人”群体养老保险基金收入总额。计算结果见表 3-10。

表 3-10 “中人”各年份养老保险基金收入情况

年份	中人人数（人）	个人缴费（万元）	补贴总额（万元）	59 周岁人数（人）	趸交年数	趸交收入（万元）	收入合计（万元）
		200 元档	40/ 人·年				
2015	1685092	33701.85	6740.37	99684	15	29905.24	70347.46
2016	1582182	31643.64	6328.73	98627	14	27615.48	65587.85
2017	1484166	29683.31	5936.66	93853	13	24401.68	60021.65
2018	1377091	27541.83	5508.37	102474	12	24593.72	57643.91
2019	1281433	25628.66	5125.73	91847	11	20206.30	50960.70
2020	1206793	24135.86	4827.17	71668	10	14333.59	43296.62
2021	1124454	22489.08	4497.82	78102	9	14058.37	41045.27
2022	1058793	21175.86	4235.17	61718	8	9874.81	35285.84
2023	943865	18877.30	3775.46	110824	7	15515.33	38168.09
2024	791635	15832.71	3166.54	148761	6	17851.26	36850.51
2025	660555	13211.10	2642.22	128004	5	12800.40	28653.73
2026	764722	15294.44	3058.89	232104	4	18568.30	36921.63
2027	509477	10189.54	2037.91	297888	3	17873.29	30100.73
2028	271246	5424.93	1084.99	267838	2	10713.51	17223.43
2029	281363	5627.25	1125.45	281363	1	5627.25	12379.95
2030	302858	6057.16	1211.43	0	0	0.00	7268.59

由表 3-10 可见，“中人”养老保险金收入总额下降趋势显著，根本原因是“中人”群体人数的减少。受此因素影响个人缴费总额、政府补贴总额和 59 岁参保人趸交保险总额都呈下降态势。

（四）“新人”养老保险基金收入的测算

第四节已经计算出各年份分年龄人口数，按照对“新人”的定义，即新型城乡居民养老保险实施之日起，每一年的 16 周岁且到 60 岁领取养老金之日为止可以连续缴费 15 年的居民。按照这一规定，从 2015 年开始，“新人”的数量是在不断增加的。例如 2015 年的“新人”是指当年 16~44 周岁的居民，而 2016 年“新人”则是当年 16~45 周岁的居民，2017 年“新人”是当年 16~46 周岁的居民，到了 2030 年缴纳养老保险的“中人”群体消失，当年 16~59 周岁居民均为文中定义的“新人”。各年份养老保险“新人”缴费人数见表 3-11。

表 3-11　各年份养老保险“新人”缴费人数表

年份	年龄段（岁）	新人人数（人）
2015	16~44	4426967
2016	16~45	4532378
2017	16~46	4627172
2018	16~47	4727344
2019	16~48	4824160
2020	16~49	4916492
2021	16~50	5007773
2022	16~51	5108144
2023	16~52	5208012
2024	16~53	5309983
2025	16~54	5411462
2026	16~55	6108846
2027	16~56	6314760
2028	16~57	6540152
2029	16~58	6795698
2030	16~59	7065885

按照海南省城乡居民基本养老保险制度的规定，养老保险缴费从2015年起执行200~5000元13个档次，政府补贴与个人缴费挂钩多缴多补，选择200元档次给予基础补贴40元，选择较高档次缴费除给予基础补贴外每增加一个档次按不少于10元的补贴。据统计资料表明，每年缴纳养老金200元档次是为更多城乡居民选择的缴费金额。从科学研究的角度看，这里不妨将全部城乡参保居民缴费档次均设定为200元，个人账户积累余额与养老金缴费档次正相关，与居民每月领取养老金数额也成正比。因此，在研究养老金收支问题时假定同一缴费档次是可行的。

根据式（3-7）的“新人”养老保险金缴费模型，即养老保险基金收入模型，式中JF_t为200元，GS_t为40元，其中t=2015，2016，…，2030，由此可算得“新人”养老保险基金各年份缴费总额，见表3-12。

表3-12 “新人”各年份养老保险基金收入情况

年份	新人人数（人）	缴费标准（元）	个人缴费（万元）	补贴标准（元）	补贴总额（万元）	收入总额（万元）
2015	4426967	200	88539	40	17708	106247
2016	4532378	200	90648	40	18130	108777
2017	4627172	200	92543	40	18509	111052
2018	4727344	200	94547	40	18909	113456
2019	4824160	200	96483	40	19297	115780
2020	4916492	200	98330	40	19666	117996
2021	5007773	200	100155	40	20031	120187
2022	5108144	200	102163	40	20433	122595
2023	5208012	200	104160	40	20832	124992
2024	5309983	200	106200	40	21240	127440
2025	5411462	200	108229	40	21646	129875
2026	6108846	200	122177	40	24435	146612
2027	6314760	200	126295	40	25259	151554
2028	6540152	200	130803	40	26161	156964
2029	6795698	200	135914	40	27183	163097
2030	7065885	200	141318	40	28264	169581

由表 3–12 可以看出，养老保险基金收入在逐年增加，根本原因是参加养老保险的“新人”数量的增加。

二、养老保险基金支出模型与测算

参加城乡居民养老保险且年满 60 周岁的城乡居民，符合下列条件之一且未领取城镇从业人员基本养老金及其他社会养老金的，自城乡居民养老保险经办机构核定的次月起，可按月领取城乡居民养老保险待遇：①制度施行之日，距 60 周岁 15 年以上并实际缴费累计达 15 年以上（含 15 年）的城乡居民；②制度施行之日，距 60 周岁不足 15 年并按年实际缴费至 60 周岁的城乡居民；③制度施行之日，已年满 60 周岁的城乡居民。

城乡居民养老保险待遇由基础养老金和个人账户养老金组成，支付终身。政府对符合城乡居民养老保险待遇领取条件的城乡居民全额支付基础养老金。其中，2014 年城镇居民基础养老金标准为每人每月 130 元，上半年农村居民基础养老金标准为每人每月 100 元，下半年为每人每月 120 元，以后年度逐步拉平城乡居民基础养老金。2015 年调整为城乡居民均为每月 145 元 / 人。

已经参加海南省城乡居民社会养老保险的，并且年满 60 周岁的居民，按月享受养老金待遇，个人账户养老金均按计发系数确定个人账户养老金标准，即月计发标准为个人账户全部储存额除以 139，个人账户资金不足时由社会统筹账户支付。

关于养老保险基金个人账户计息问题。参考人民银行公布的定期存款一年期整存整取利率计算个人账户利息。例如，2016 年度我省城镇从业人员基本养老保险及城乡居民基本养老保险个人账户年记账利率为 1.5%，月记账利率为 1.25‰。

（一）“老人”养老保险基金支出模型与测算

本书中“老人”是指新型养老保险制度实施之日起已经年满 60 周岁的城乡居民。按照制度规定，“老人”每月领取 145 元的基础养老金。因“老人”没有缴纳个人养老保险金，所以没有个人账户养老金部分。

设 OP_t 为第 t 年养老保险金支出总额，$P_{t,\ x}$ 为第 t 年 x 岁城乡居民，JC_t 为参保人按月领取的基础养老金，则“老人”养老保险金支出模型可以写成下式。

$$OP_t = \sum_{t=2015}^{2030} P_{t,x} \times JC_t \times 12, x \in [60,100) \quad (3-9)$$

由式（3-10）可知，60 周岁城乡居民可以按月领取基础养老金 145 元，$P_{t,x}$ 为第 t 年 x 岁城乡居民，其中 x 的取值范围是 60~100 岁，根据制度规定 60 周岁开始领取养老保险金，100 岁是为了测算假定的居民年龄最大值。

根据改良人口精算模型，前文人口测算结果可以表现出 2015~2030 年各年份“老人”人数的变动情况，见表 3-13。

表 3-13　各年份领取养老保险“老人”人数表

年份	年龄段（岁）	老人数（人）	年份	年龄段（岁）	老人数（人）
2015	60~100	1200915	2023	68~100	915272
2016	61~100	1169680	2024	69~100	874772
2017	62~100	1137072	2025	70~100	833503
2018	63~100	1102788	2026	71~100	791589
2019	64~100	1067562	2027	72~100	749195
2020	65~100	1031111	2028	73~100	706430
2021	66~100	993563	2029	74~100	663461
2022	67~100	954907	2030	75~100	620439

由表 3-13 可见，本书定义的“老人”群体人数呈现显著逐年下降的态势。海南省是有名的长寿之乡，老年人口，特别是高龄老人的数量与其他省份比较，在相对数和绝对数方面都可排在全国前列。但是，这种现象对于养老保险基金支付方面则会造成较大的养老金支付压力，根据式（3-9），“老人”养老保险金各年份支付金额计算结果见表 3-14。

表 3-14　各年份“老人”养老保险金支出总额

年份	年龄段（岁）	老人数（人）	基础养老金（元）	支出总额（万元）
2015	60~100	1200915	145	17413.26
2016	61~100	1169679	145	16960.35
2017	62~100	1137072	145	16487.54
2018	63~100	1102788	145	15990.42
2019	64~100	1067562	145	15479.64
2020	65~100	1031111	145	14951.12

续表

年份	年龄段（岁）	老人数（人）	基础养老金（元）	支出总额（万元）
2021	66~100	993563	145	14406.67
2022	67~100	954907	145	13846.15
2023	68~100	915272	145	13271.45
2024	69~100	874772	145	12684.19
2025	70~100	833503	145	12085.79
2026	71~100	791589	145	11478.05
2027	72~100	749195	145	10863.33
2028	73~100	706430	145	10243.24
2029	74~100	663461	145	9620.19
2030	75~100	620439	145	8996.36

由表 3–14 可见，“老人”养老金支付金额是逐年下降的，根本原因是“老人”群体人数的逐年减少。

（二）“中人”养老保险基金支出模型与测算

根据养老保险制度规定，“中人”缴纳养老保险金分两个部分，一是 59 周岁（含）之前，按年度正常缴纳养老保险积存在个人账户的部分，二是在其 59 周岁那年，一次性趸交的养老保险金部分。因此“中人”养老保险基金个人账户为按年度正常缴费和 59 周岁趸交的保险金。根据制度规定，对参加养老保险并按时缴纳养老保险金的居民政府给予每年 40 元的补贴，也积累在个人账户中。

设 MP_t 为第 t 年“中人”养老保险金支出总额，$P_{t,x}$ 为第 t 年 x 岁城乡居民，JC_t 为参保人按月领取的基础养老金，PC_t 为第 t 年“中人”个人账户金额，则“中人”养老保险金支出模型可初步写成下式。

$$MP_t = \sum_{t=2016}^{2030} 12P_{t,x}(PC_t/139 + JC_t), x \in [60,100) \quad (3\text{–}10)$$

式（3–10）括号中的两项，PC_t 是“中人”年满 60 岁时个人其个人账户总额，按照现行计发系数 139 计算，$PC_t/139$ 则为“中人”每月领取的个人账户养老金部分；第二项 JC_t 为“中人”按月领取的基础养老金 145 元。所以，式（3–10）括号和为每个“中人”每月领取的养老金数额，乘以 12 为全年每人领取养老金数额，再与 $P_{t, x}$, $x \in (45, 59)$，即与“中人”总数相乘，得到 MP_t 为第 t 年“中人”领取养老金总额。

在对“中人”个人账户金额计算时还需要考虑对账户计息的问题。“中人”在养老保险收支测算时是一个较为特殊的群体，因为海南省新型城乡居民基本养老保险制度规定，参保居民需要连续缴费 15 年后到其 60 周岁时才可按照标准领取养老金。制度于 2015 年实施时，如果当年 45~59 周岁的城乡居民立即参保，到他们 60 周岁时也不够 15 年，所以才有了对于“中人”在其 59 岁时趸交保费的规定。这样的制度设计带来的问题是，“中人”全体正常缴纳养老保险的年份有长短之分，如果考虑计息时即便是选择缴纳保费档次相同的情况下，不同年龄的“中人”在 60 岁时个人账户金额也会不同，所以要给予分别计算。“中人”59 岁趸交的保费不予计息。

表 3-15 给出了不同年龄“中人”在其 60 周岁时个人账户积累额和年支出额。例如，在 2015 年，59 岁的“中人”参保时，需要在 2015 年缴付养老金，假设选取 13 个缴费档次的最低档 200 元，政府补贴每人每年 40 元，还要趸交 14 年的养老金。到 2016 年 60 周岁时，其个人账户积累总额是 2015 年个人缴纳保费 200 元和政府补贴 40 元，共计 240 元，到 2016 年需要计息后金额为（200+40）×（1+r），r 为活期账户利息。按前文提到 2016 年活期账户利率 1.5% 计算，（200+40）×（1+0.015）=243.6（元），2015 年趸交养老金 200×14=2800（元），所以 2015 年 59 岁“中人”到 2016 年 60 周岁时个人账户积累总额为 3044 元。再如 2015 年 58 岁的“中人”，2015 年个人账户额为 240 元，2016 年其 59 岁时，个人账户额为 240×（1+0.015）+240=483.6（元），2017 年其 60 周岁时个人账户金额为：$240 \times (1+0.015)^2 + 240 \times (1+0.015) + 200 \times 13 = 3091$（元）。

表 3-15　不同年龄“中人”在其 60 周岁时个人账户积累额　　单位：元

年龄	2016 年 60 岁的人	2017 年 60 岁的人	2018 年 60 岁的人	2019 年 60 岁的人	2020 年 60 岁的人	2021 年 60 岁的人	2022 年 60 岁的人
个人账户积累额	3044	3091	3142	3197	3255	3318	3384
年支出额	263	267	271	276	281	286	292

续表

年龄	2023年60岁的人	2024年60岁的人	2025年60岁的人	2026年60岁的人	2027年60岁的人	2028年60岁的人	2029年60岁的人
个人账户积累额	3454	3529	3607	3690	3777	3868	3964
年支出额	298	305	311	319	326	334	342

因此，可以写出“中人”2015~2030年个人账户考虑计息情况下的积累金额公式为：

$$PC_t = (JF_t + GS_t)\sum_{i=1}^{14}(1+r)^i + 200\times(15-i), t\in(2016,2029) \quad (3-11)$$

式（3-11）中PC_t为“中人”个人账户金额，$t\in$（2016，2029）的限定条件说明是“中人”在60周岁领取养老金的个人账户积累过程。JF_t是“中人”缴纳养老保险金，为了方便测算本书统一按照200元养老保险缴费档次计算。GS_t为政府补贴每人每年40元。r是利率，本书按照活期存款年利率0.15%计算。计算结果见表3-15。

按照养老保险制度规定，“中人”到60周岁开始按月领取养老金，每月养老金数额由两部分组成：一部分是个人账户积累额除以计发系数（139）后的金额，另一部分是基础养老金每人每月145元。因此“中人”养老金支出模型可以写成：

$$MP_t = \sum_{t=2016}^{2030} 12P_{t,x}(PC_t/139 + JC_t), x\in[60,100) \quad (3-12)$$

式（3-13）中，MP_t是第t年“中人”养老保险金的支出总额，$P_{t,x}$是第t年x岁人口数，$t\in$（2016，2030），$x\in$［60，100）是指“中人”从2016年开始年龄最大的“中人”到达60周岁开始领取养老金，到2030年中年龄最小的“中人”到达60周岁开始领取养老金。PC_t是个人账户积累额，139是计发系数，JC_t是基础养老金。根据养老保险制度设计的“中人”群体规模随着时间推移是逐步减少的，具体人数变动情况见表3-16。

表 3-16　各年份“中人”分年龄人数

单位：人

年份＼年龄	60 岁	61 岁	62 岁	63 岁	64 岁	65 岁	66 岁	67 岁	68 岁	69 岁	70 岁	71 岁	72 岁	73 岁	74 岁
2016	99116	—	—	—	—	—	—	—	—	—	—	—	—	—	—
2017	98063	98481	—	—	—	—	—	—	—	—	—	—	—	—	—
2018	93323	97388	97710	—	—	—	—	—	—	—	—	—	—	—	—
2019	101974	92674	96670	96956	—	—	—	—	—	—	—	—	—	—	—
2020	91399	101263	91991	95924	96103	—	—	—	—	—	—	—	—	—	—
2021	71319	90761	100514	91280	95078	95154	—	—	—	—	—	—	—	—	—
2022	77722	70821	90089	99735	90475	94138	94136	—	—	—	—	—	—	—	—
2023	61419	77182	70297	89391	98853	89581	93129	92987	—	—	—	—	—	—	—
2024	110285	60994	76613	69752	88600	97874	88621	91991	91741	—	—	—	—	—	—
2025	148037	109518	60546	76021	69136	87721	96822	87538	90756	90361	—	—	—	—	—
2026	127382	147006	108711	60081	75351	68450	86778	95635	86363	89389	88839	—	—	—	—
2027	162290	126497	145921	107871	59553	74606	67715	85714	94349	85062	87881	87148	—	—	—
2028	162071	161164	125566	144793	106920	58967	73806	66885	84560	92924	83627	86207	85350	—	—
2029	143845	160947	159979	124596	143515	105863	58338	72904	65985	83283	91352	82034	84425	83370	—
2030	—	142850	159763	158746	123499	142095	104729	57628	71926	64988	81873	89607	80339	82464	81206

由表 3-16 可以清楚地看到改良人口精算模型在人口逐年推算的过程。“中人”年龄最大者于 2016 年到达 60 周岁，“中人”2015 年 58 岁者，2017 年到达 60 周岁。“中人”年龄最大者在 2017 年则为 61 岁，以此类推。

将表 3-16 的人数计算结果，结合式（3-12），各年份“中人”养老保险支出总额计算结果见表 3-17。

表 3-17　各年份“中人”养老保险支出总额　　单位：万元

年份	基础养老金支出总额	个人账户支出	支出总额
2015	17246	2604	19850
2016	34199	5204	39403
2017	50185	7697	57883
2018	67560	10455	78015
2019	82942	12943	95885
2020	94674	14880	109554
2021	107378	17022	124401
2022	117074	18698	135772
2023	135106	21874	156980
2024	159463	26260	185723
2025	179913	30040	209954
2026	206122	35001	241122
2027	231914	40015	271929
2028	254116	44465	298581
2029	250858	43917	294774

由表 3–17 可见，“中人”基础养老金支出总额和个人账户支出总额逐年增加，根本原因是“中人”领取养老金人数逐年增加，即超过 60 周岁人数逐年增加。“中人”养老金支出总额变化趋势见图 3–9。

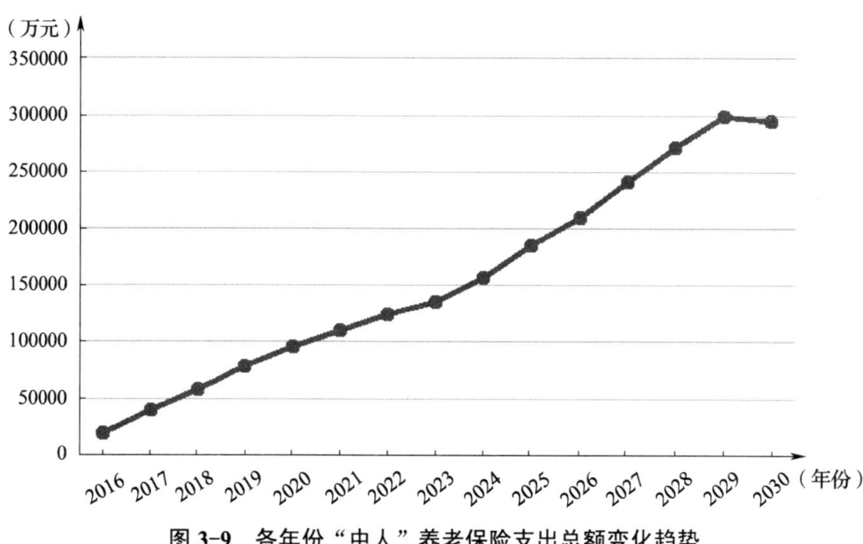

图 3–9　各年份“中人”养老保险支出总额变化趋势

（三）“新人”养老保险基金支出模型与测算

文中“新人”是指海南省新型城乡居民基本养老保险制度实施之日起，年龄小于 44 岁（含）的城乡居民。2015 年“新人”的年龄范围是 16~44 岁，其中 16 岁是参保的最低年龄，44 岁是指在养老保险制度实施的 2015 年参保到其 59 岁恰好可以连续缴纳养老保险 15 年，在其 60 岁时可以领取养老保险金，而不存在“中人”群体需要趸交的情况。

“新人”到其 60 岁领取的养老金与“中人”类似，包括两部分：一部分是个人账户积累额除以计发系数（139），另一部分是基础养老金部分。与式（3–11）类似，构造“新人”养老保险支出模型为：

$$PC_t = (JF_t + GS_t)\sum_{i=1}^{15}(1 + r)^i, t \in (2030, \infty) \qquad (3\text{–}13)$$

$PC_t, t \in (2030, \infty)$为“新人”领取养老金时的个人账户积累额，t 从 2030 年算起是因为“新人”中年龄最大者到 2030 年 60 周岁，从 2030 年起“新人”群体开始步入 60 周岁开始领取养老金。因为本书只是推算 2015~2030 年养老保

险基金收支情况，所以“新人”群体中只有年龄最长者，即 2015 年 44 岁的居民到 2029 年正好缴满 15 年养老保险，到 2030 年开始领取养老金。所以，对于这部分居民其个人账户积累额按照式（3–13）计算为：

$$PC_{2030}=240\times(1.015^{15}+1.015^{14}+1.015^{13}+\cdots+1.015)=4064（元）$$

同样地，“新人”养老保险支出模型可以与式（3–12）类似地写成：

$$NP_t=\sum_{t=2030}12P_{t,x}(PC_t/139+JC_t),x\in[60,100) \quad (3–14)$$

式（3–14）中，NP_t 是第 t 年“新人”养老保险金的支出总额，$P_{t,x}$ 是第 t 年 x 岁人口数，PC_t 是个人账户积累额，139 是计发系数，JC_t 是基础养老金。

与前文类似，本书测算时间范围是 2015~2030 年，“新人”群体中只有年龄最大者，即 2015 年 44 岁的“新人”，到 2030 年才年满 60 岁开始领取养老金。因此，在计算“新人”养老保险支出时，只需要计算 2030 年 60 周岁的“新人”养老保险支出的数额。根据改良人口精算模型计算 2030 年 60 周岁的“新人”有 181424 人，按照式（3–14）计算的支出总额为 37932.73 万元。

（四）养老保险基金支出总额的测算

根据海南省城乡居民基本养老保险制度规定，“老人”“中人”“新人”在年满 60 周岁开始领取养老金时领取方法有差异，“老人”只能按月领取基础养老金；“中人”领取个人账户部分和基础养老金部分，但其个人养老金账户由按年正常缴费和趸交两部分保险金组成；“新人”也可以领取个人账户和基础养老金两部分，但其个人账户是连续缴费 15 年和利息的总和。

下面将“老人”“中人”“新人”养老保险支出模型进行总和，得到养老保险支出总模型为：

$$TP_t=\sum OP_t+MP_t+NP_t \quad (3–15)$$

按式（3–15）计算得到 2015~2030 年养老保险支出总额，结果见表 3–18。

表 3–18　各年份养老保险基金支出总额　　单位：万元

年份	“老人”支出	“中人”支出	“新人”支出	总支出
2015	208959	0	0	208959
2016	203524	19850	0	223375
2017	197850	39403	0	237254

续表

年份	“老人”支出	“中人”支出	“新人”支出	总支出
2018	191885	57883	0	249768
2019	185756	78015	0	263770
2020	179413	95885	0	275298
2021	172880	109554	0	282434
2022	166154	124401	0	290554
2023	159257	135772	0	295029
2024	152210	156980	0	309190
2025	145029	185723	0	330753
2026	137737	209954	0	347690
2027	130360	241122	0	371482
2028	122919	271929	0	394848
2029	115442	298581	0	414023
2030	107956	294774	37933	440664

与养老保险基金收入总额对比分析，养老保险支出总额呈现稳态上升态势，并没有收入总额的波动，如图 3-10 所示。究其原因是海南省 60 周岁以上人口数呈现稳步上升的趋势。

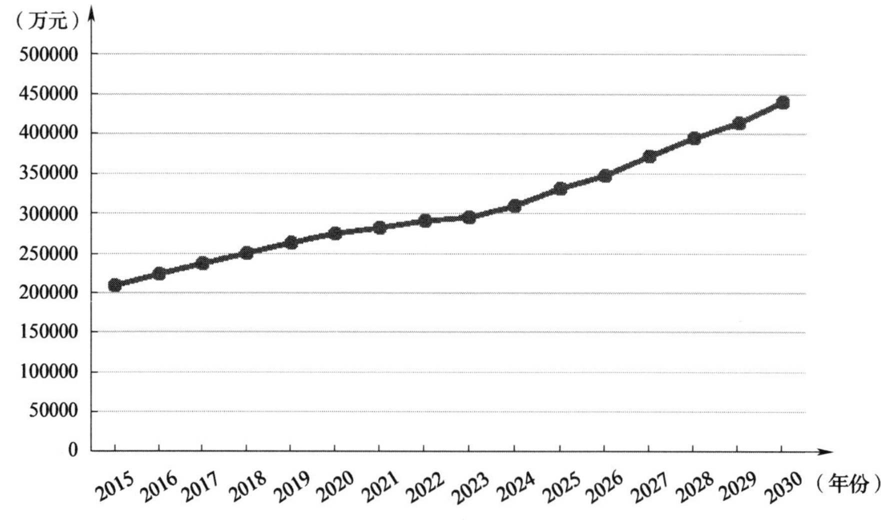

图 3-10　各年份养老保险基金支出总额变化趋势

三、养老保险收支均衡分析

对海南省城乡居民基本养老保险制度下养老保险收支均衡分析将从绝对值和相对值两方面比较。绝对值角度的均衡分析是采用收支缺口测度，而相对值角度分析则采用收入支出比指标。

将前文养老保险收入和支出情况进行对比分析，计算了收支缺口和收入支出比两项指标，结果见表3–19。

表3–19　各年份养老保险基金收支均衡比较分析（200元缴费档次、139计发系数）

单位：万元

年份	总支出	总收入	收支差额	收入支出比
2015	208959	176595	–32364	0.85
2016	223375	174365	–49010	0.78
2017	237254	171074	–66180	0.72
2018	249768	171100	–78667	0.69
2019	263770	166741	–97030	0.63
2020	275298	161292	–114006	0.59
2021	282434	161232	–121202	0.57
2022	290554	157881	–132673	0.54
2023	295029	163160	–131869	0.55
2024	309190	164290	–144900	0.53
2025	330753	158529	–172224	0.48
2026	347690	183534	–164156	0.53
2027	371482	181655	–189827	0.49
2028	394848	174187	–220661	0.44
2029	414023	175477	–238546	0.42
2030	440664	176850	–263814	0.40

对于表 3-19 的结果可以从绝对值和相对值两方面分析。从绝对值角度看，2015~2030 年养老保险收支差额为负值，并且缺口呈现扩大趋势，这一现象在图 3-11 中表现明显，可能有两方面影响因素：其一，60 岁以上的老年人口数在这期间稳步增加，这将加大养老金给付压力；其二，本书旨在给出养老保险收支测算的模型方法，并且出于数据可得性和计算简便性的考虑，假定“新人”和“中人”参保居民均按照最低养老金档次 200 元缴费，所以造成了养老保险基金收入过低、收支缺口过大的现象。从相对值角度来看，通过收入支出比即养老保险基金收入与支出的比值，可以看出收入和支出的相对变动趋势，与收支差额的分析结论一致。

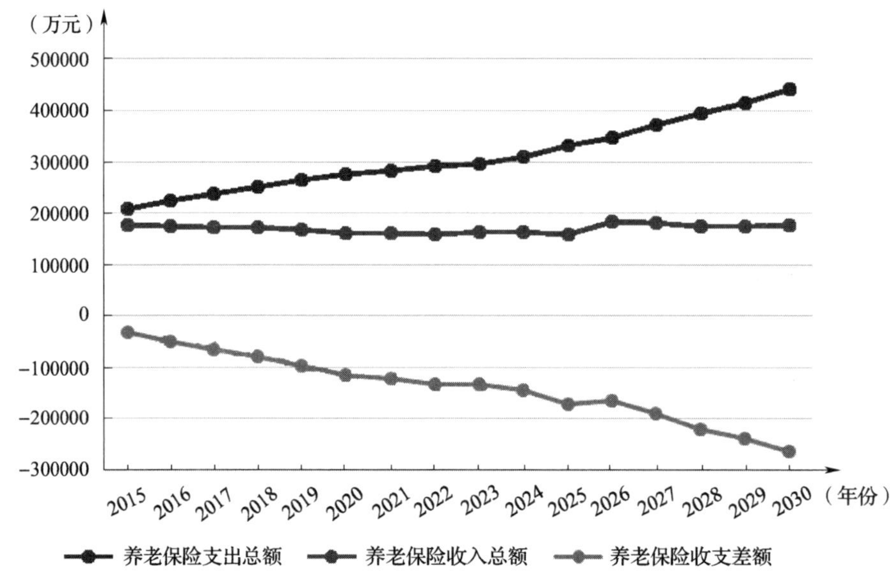

图 3-11　各年份养老保险基金收支变化趋势图（200 元缴费档次、139 计发系数）

在后面的政策模拟中，将修正前文几个假定的参数，例如养老金缴费档次试算了中位数 800 元档次和最高档次 5000 元，计发系数调整为 173 和 204，以及延长领取养老金年龄等方案。总的来看，上述政策模拟的结果将在一定程度上缓解养老金收不抵支的问题，但从长远角度看，需要找到一个养老保险制度设计与参保人员退休生活质量水平保障的均衡状态，即养老保险基金可以维持正常收支运营，退休人员可以适时获得养老金保证生活质量。

第六节 海南省养老保险制度政策模拟研究

本章第四节已经对海南省城乡居民分年龄、分性别的常住人口数进行了测算，在此基础上，第五节首先构造了“新人”“中人”“老人”的收入和支出模型，并分别计算了三类城乡居民养老保险基金收入和支出的数量规模。在第五节最后，对养老保险基金2015~2030年的收支均衡问题展开分析，结果可以看出存在收支不均衡的情况。本节将改变养老保险制度执行中的几个重要参数，试着对适合海南省实际的养老保险制度关键参数进行探索性测算。

一、不同缴费档次下的养老保险收支平衡政策模拟

在第五节列出的表3-19是按照现行海南省城乡居民养老保险制度要求，在假定应保尽保情况下，设定计发系数为139、男性女性领取养老金年龄统一为60周岁，并且缴费选择13个档次中的最低档200元计算得到的收入总额和支出总额，并将每年收支额度轧差并计算了收入支出比。图3-11是对表3-19收入总额、支出总额和收支差额变动趋势的线性表达，特别重要的趋势变化之一是收支差额在逐年变大。

下面将参保居民缴费档次分别设定为13个缴费档次的中位数和最大值档次，即800元和5000元档次，观察改变缴费金额对养老保险基金的收入、支出和收支差额的影响程度，以及收入、支出和收支差额的变动趋势是否与前文结论不同，如表3-20和图3-12所示。

表3-20 各年份养老保险基金收支均衡比较分析（800元缴费档次、139计发系数）

单位：万元

年份	总收入	总支出	收支差额	收入支出比
2015	669706.29	208959.14	460747.15	3.20
2016	660772.34	231135.59	429636.75	2.86
2017	647627.09	252710.94	394916.15	2.56
2018	647774.10	272555.66	375218.44	2.38

续表

年份	总收入	总支出	收支差额	收入支出比
2019	630328.62	294613.88	335714.74	2.14
2020	608430.01	313361.76	295068.25	1.94
2021	608133.95	326081.77	282052.18	1.86
2022	594523.54	340337.29	254186.25	1.75
2023	615730.25	349576.64	266153.60	1.76
2024	620550.72	372726.01	247824.71	1.66
2025	597683.14	406632.58	191050.56	1.47
2026	692894.36	434142.70	258751.66	1.60
2027	685674.45	471735.88	213938.58	1.45
2028	655879.89	508696.09	147183.79	1.29
2029	659444.43	540112.14	119332.29	1.22
2030	663186.89	582681.50	80505.39	1.14

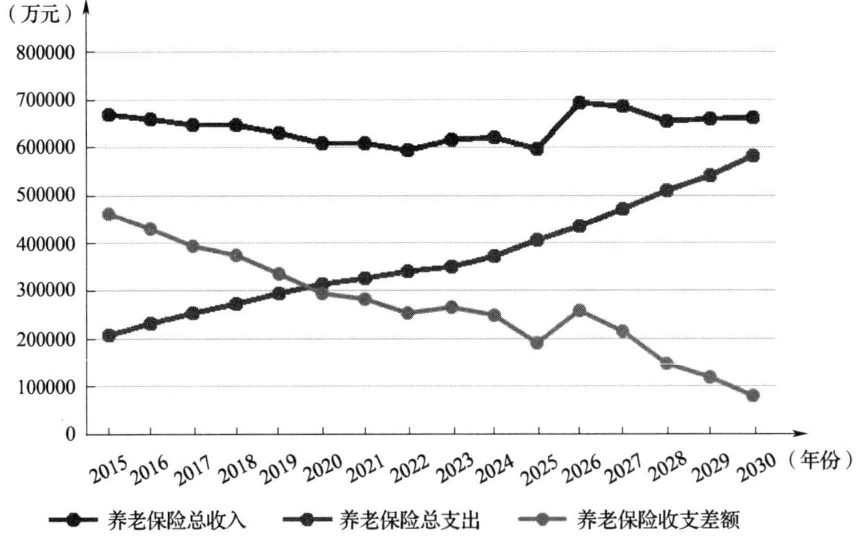

图 3-12　各年份养老保险基金收支变化趋势图（800 元缴费档次、139 计发系数）

当参保居民平均缴费金额在 800 元左右时，由表 3–20 和图 3–12 可见，养老保险基金收支均衡状况比缴费金额为 200 元最低档时有了明显改善。在制度实施期初 2015 年总收入较大优势大于总支出，但随着时间推移总支出呈现小幅稳定增长趋势，但总支出增长迅猛，因此收支差额下降速度很快。这一趋势从收入支出比也可以看出，2015 年收入支出比为 3.2，到了 2030 年则下降为 1.14。因本书只是推算到 2030 年，如果再向后推算几年相信很快会出现养老保险基金收不抵支的现象。

按照同样的测算方法，下面试算居民缴费选择 5000 元，即最高档缴费金额的情况，计算结果见表 3–21 和图 3–13。

表 3–21　各年份养老保险基金收支均衡比较分析（5000 元缴费档次、139 计发系数）

单位：万元

年份	总收入	总支出	收支差额	收入支出比
2015	3901453.57	208959.14	3692494.43	18.67
2016	3845500.07	285149.16	3560350.92	13.49
2017	3763492.13	359978.58	3403513.56	10.45
2018	3764731.88	430247.96	3334483.92	8.75
2019	3655643.80	507391.60	3148252.20	7.20
2020	3517954.78	575217.47	2942737.32	6.12
2021	3515688.61	625658.94	2890029.66	5.62
2022	3429009.57	681114.95	2747894.62	5.03
2023	3562251.76	722137.54	2840114.22	4.93
2024	3594716.74	804959.79	2789756.95	4.47
2025	3453170.85	920386.07	2532784.78	3.75
2026	4010968.80	1017293.60	2993675.20	3.94
2027	3968138.31	1145021.73	2823116.58	3.47
2028	3782519.28	1272369.58	2510149.70	2.97
2029	3792444.38	1382784.56	2409659.82	2.74
2030	3802271.49	1527710.50	2274560.99	2.49

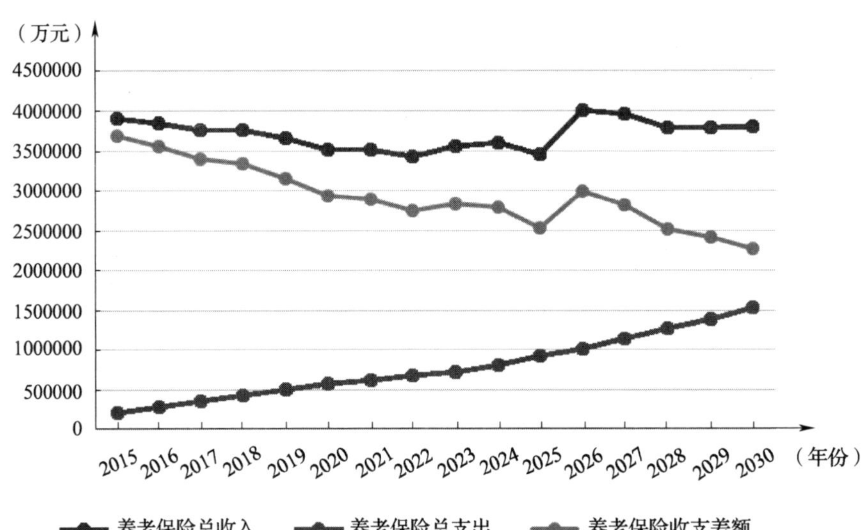

图 3-13　各年份养老保险基金收支变化趋势图（5000 元缴费档次、139 计发系数）

因为养老保险参保居民缴费额的提高，收入总额在 2015 年制度实行初期与养老保险金支出之比为 18.67，但是收入总额的提高并没有改变养老保险基金总收入、总支出和收支差额的变动趋势，与缴费额为 200 元、800 元的情况类似，养老保险金收入均呈现稳定小幅增长的态势，但是养老金支出上升速度很快，到时收支差额减少、收入支出比逐年下降，区别只在于参保居民缴费金额低，收不抵支，即收入支出比“小于 1”的现象很快出现，缴费金额高则收不抵支的程度放缓，但是改变不了其定会在未来某一年出现的结果。

综上所述，参保居民缴费金额的多或少只是改善养老保险制度收支问题的有效但非唯一因素，可以与其他重要制度参数结合起来，找到可以使养老保险基金收支平衡的缴费额参数水平。

二、不同计发系数下的养老保险收支平衡政策模拟

在完全积累制式的养老保险制度设计中，个人账户养老金计发系数是一个关键的制度参数，它直接关乎参保人的养老权益，作用于个人账户基金的收支平衡，并最终影响到新农保制度公平与可持续发展。

养老金由基础养老金和个人账户养老金两部分构成，其中

个人账户养老金 = 个人账户累计缴费余额（包括缴费本金和历年利息）÷ 应计发月数，公式中的应计发月数即为计发系数。政府社会保障部门对退休年龄和计发系数的对应关系曾给出指导性意见，见表 3–22。

表 3–22　退休年龄与计发系数对应关系表　　单位：岁

退休年龄	40	41	42	43	44	45	46	47	48	49
计发系数	233	230	226	223	220	216	212	208	204	199
退休年龄	50	51	52	53	54	55	56	57	58	59
计发系数	195	190	185	180	175	170	164	158	152	145
退休年龄	60	61	62	63	64	65	66	67	68	69
计发系数	139	132	125	117	109	101	93	84	75	65

目前海南省城乡居民基本养老保险制度规定个人账户计发系数为 139，根据统计测算，在考虑当前预期利率水平和海南省人均寿命情况下，参保居民个人账户的计发系数存在低估的问题。经过初步测算，现选取 173 和 204 两档计发系数对养老保险基金收支均衡的影响进行政策模拟。结果见表 3–23。

表 3–23 和表 3–24 分别测算了海南省城乡居民养老保险制度下，假定符合参保条件的居民应保尽保，缴费档次为 200 元，领取养老保险金年龄为 60 周岁，计发系数分别为 173 和 204 时的养老基金收入总额、支出总额、收支差额和收入支出比的结果。为了更清楚表现计发系数对养老保险收支均衡性的影响，图 3–14 是将计发系数为现行制度下的 139 和试算的 173、204 这三种情况下的收支差额绘制曲线图，从图中可以看出计发系数的差异在 2015~2030 年对养老保险收支差额的影响并不显著，只是在 2025 年以后开始有差异化，具体表现为计发系数越大收支差额略小，两者成反比。

表 3–23　各年份养老保险基金收支均衡比较分析（200 元缴费档次、173 计发系数）

单位：万元

年份	总收入	总支出	收支差额	收入支出比
2015	176594.66	208959.14	–32364.48	0.85
2016	174364.93	222862.86	–48497.94	0.78
2017	171073.78	236230.75	–65156.97	0.72
2018	171100.18	248254.88	–77154.70	0.69
2019	166740.55	261715.71	–94975.16	0.64

续表

年份	总收入	总支出	收支差额	收入支出比
2020	161292.43	272754.58	-111462.15	0.59
2021	161231.83	279509.90	-118278.07	0.58
2022	157881.29	287208.94	-129327.65	0.55
2023	163160.38	291354.31	-128193.93	0.56
2024	164290.11	304891.21	-140601.10	0.54
2025	158528.81	325592.00	-167063.19	0.49
2026	183533.94	341786.50	-158252.56	0.54
2027	181654.97	364603.52	-182948.56	0.50
2028	174187.07	386983.66	-212796.60	0.45
2029	175476.70	405284.31	-229807.61	0.43
2030	176849.84	430781.66	-253931.82	0.41

表 3-24 各年份养老保险基金收支均衡比较分析（200 元缴费档次、204 计发系数）

单位：万元

年份	总收入	总支出	收支差额	收入支出比
2015	176594.66	208959.14	-32364.48	0.85
2016	174364.93	222544.89	-48179.96	0.78
2017	171073.78	235595.32	-64521.54	0.73
2018	171100.18	247315.07	-76214.89	0.69
2019	166740.55	260439.21	-93698.67	0.64
2020	161292.43	271174.32	-109881.89	0.59
2021	161231.83	277693.12	-116461.29	0.58
2022	157881.29	285130.59	-127249.30	0.55
2023	163160.38	289071.40	-125911.02	0.56
2024	164290.11	302220.49	-137930.38	0.54
2025	158528.81	322385.75	-163856.94	0.49
2026	183533.94	338118.68	-154584.74	0.54
2027	181654.97	360330.10	-178675.13	0.50
2028	174187.07	382098.00	-207910.93	0.46
2029	175476.70	399855.29	-224378.59	0.44
2030	176849.84	424642.51	-247792.68	0.42

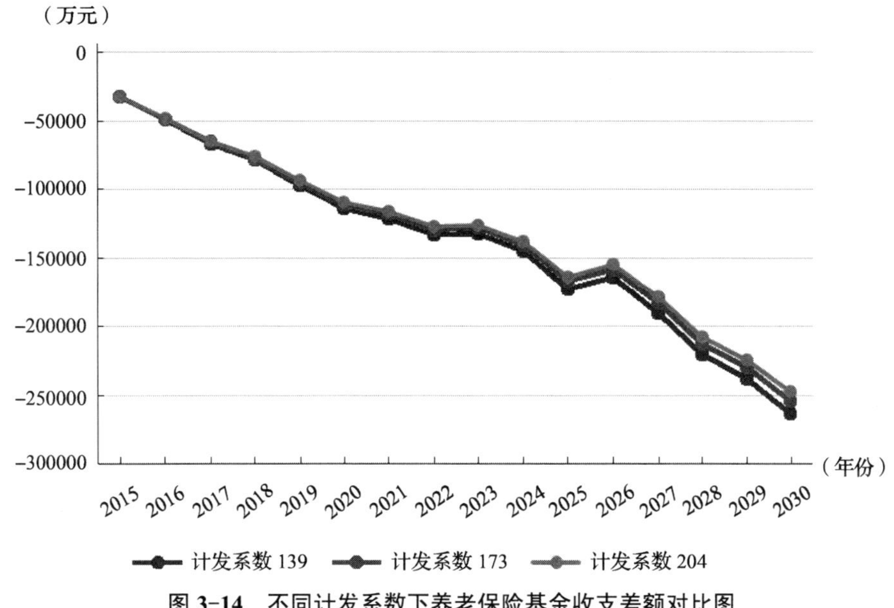

图 3-14　不同计发系数下养老保险基金收支差额对比图

三、不同养老金领取年龄下的养老保险收支平衡政策模拟

养老金领取年龄，通常也是退休年龄，是影响养老保险基金收支问题的另一个重要因素。目前在我国大多数省市退休年龄为女性 55 岁，男性 60 岁，领取养老金的年龄与之对应。海南省城乡基本养老保险制度规定参保居民不分性别，统一领取养老金年龄为 60 周岁。

就延迟退休（即延迟退休年龄）问题在我国曾有过国家层面的宏观考量。国家结合国外经验，有些国家在讨论或已经决定要提高退休年龄的政策综合考虑我国人口结构变化的情况、就业的情况而逐步提高退休年龄来延迟退休的制度。2013 年 6 月，由于就业压力等多重原因，人社部已经搁置延迟退休的思路，仅从研究着手，进行学术探讨。2013 年 11 月 12 日，中国共产党第十八届中央委员会第三次全体会议通过《中共中央关于全面深化改革若干重大问题的决定》指出：研究制定渐进式延迟退休年龄政策。明确了顶层设计中，延迟退休政策渐行渐近。

从养老保险制度看延迟退休问题，其对养老保险收支的只要影响在于延迟领取养老保险金年龄会使养老保险制度实施之初的几年间基金池规模快速增大，可以缓解老龄化社会背景下的养老金支付压力。海南省城乡居民基本养老保险制度统一男性、女性居民领取养老金年龄为60周岁，下面将模拟推迟养老金领取年龄对养老保险收入总额、支出总额、收支差额和收入支出比的影响。

当领取养老金的年龄推迟到61岁、63岁和65岁时，根据改良人口精算模型，以及构造的养老保险收支模型可以对养老保险收支均衡指标进行测算，结果见表3-25、表3-26、表3-27。

表3-25、表3-26、表3-27分别给出了在其他条件相同，养老金领取年龄为61岁、63岁和65岁情况下养老保险基金的收支情况。

表3-25 各年份养老保险基金收支均衡比较分析

（61岁领取、200元缴费档次、139计发系数） 单位：万元

年份	总收入	总支出	收支差额	收入支出比
2015	176239.78	193207.54	-16967.76	0.91
2016	176868.89	205887.63	-29018.74	0.86
2017	174421.06	219960.59	-45539.53	0.79
2018	171363.38	233407.68	-62044.31	0.73
2019	171172.95	245644.94	-74471.99	0.70
2020	166958.69	259285.95	-92327.26	0.64
2021	161885.27	270464.84	-108579.57	0.60
2022	161923.27	277253.76	-115330.49	0.58
2023	158903.41	285018.75	-126115.34	0.56
2024	163243.29	289152.08	-125908.79	0.56
2025	163604.18	302929.74	-139325.56	0.54
2026	183533.94	324073.22	-140539.28	0.57
2027	181654.97	340603.31	-158948.34	0.53
2028	174187.07	363959.00	-189771.93	0.48
2029	175476.70	386867.86	-211391.16	0.45
2030	176849.84	420066.82	-243216.98	0.42

表 3-26 各年份养老保险基金收支均衡比较分析

（63 岁领取、200 元缴费档次、139 计发系数） 单位：万元

年份	总收入	总支出	收支差额	收入支出比
2015	178287.48	164134.51	14152.98	1.09
2016	180922.63	187513.70	-6591.07	0.96
2017	179004.47	215283.24	-36278.77	0.83
2018	179338.31	242344.10	-63005.79	0.74
2019	176997.67	272139.38	-95141.71	0.65
2020	173908.70	301010.79	-127102.09	0.58
2021	173442.64	327588.08	-154145.44	0.53
2022	169629.12	356786.62	-187157.50	0.48
2023	165159.93	381460.81	-216300.88	0.43
2024	165152.02	398086.43	-232934.42	0.41
2025	162489.56	416501.62	-254012.06	0.39
2026	166048.82	428162.90	-262114.08	0.39
2027	165856.57	457535.02	-291678.45	0.36
2028	160665.02	498205.18	-337540.15	0.32
2029	158350.49	534179.98	-375829.49	0.30
2030	153857.59	608013.86	-454156.27	0.25

表 3-27 各年份养老保险基金收支均衡比较分析

（65 岁领取、200 元缴费档次、139 计发系数） 单位：万元

年份	总收入	总支出	收支差额	收入支出比
2015	181877.42	138107.47	43769.95	1.32
2016	184554.40	160556.65	23997.74	1.15
2017	182951.31	183100.50	-149.19	1.00
2018	183579.43	205211.75	-21632.31	0.89
2019	181431.18	231623.62	-50192.44	0.78
2020	178517.33	257341.59	-78824.26	0.69
2021	177915.23	285600.34	-107685.11	0.62

续表

年份	总收入	总支出	收支差额	收入支出比
2022	174194.18	312842.70	−138648.53	0.56
2023	169677.79	337712.37	−168034.58	0.50
2024	168952.47	365056.92	−196104.44	0.46
2025	165973.31	387822.54	−221849.23	0.43
2026	169299.16	402534.98	−233235.81	0.42
2027	169874.75	415196.28	−245321.53	0.41
2028	166706.12	428540.18	−261834.06	0.39
2029	164785.16	455394.30	−290609.14	0.36
2030	160631.46	519956.92	−359325.47	0.31

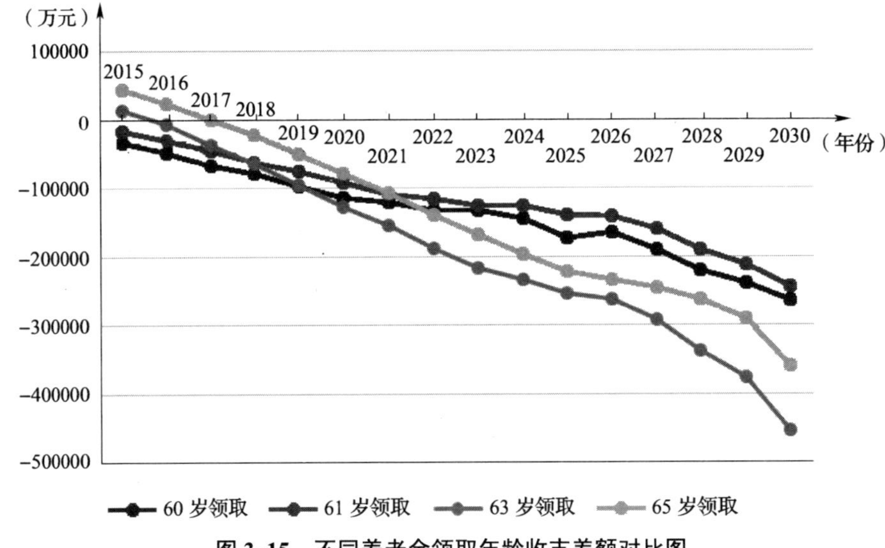

图 3-15　不同养老金领取年龄收支差额对比图

图 3-15、图 3-16 从收支差额和收入支出比两方面表现了 60 岁领取养老金和三种政策模拟的情况。改变养老金领取年龄参数随着时间的推移，养老基金收支差额和收入支出比均为下降趋势，其中收支差额下降说明收支缺口逐步加大，而收入支出比下降趋势则说明收入增长数量和速度均不如支出增长得快，意味着养老保险基金的给付压力将逐步增大。在 2015 年收支差额最大、收入支出比最

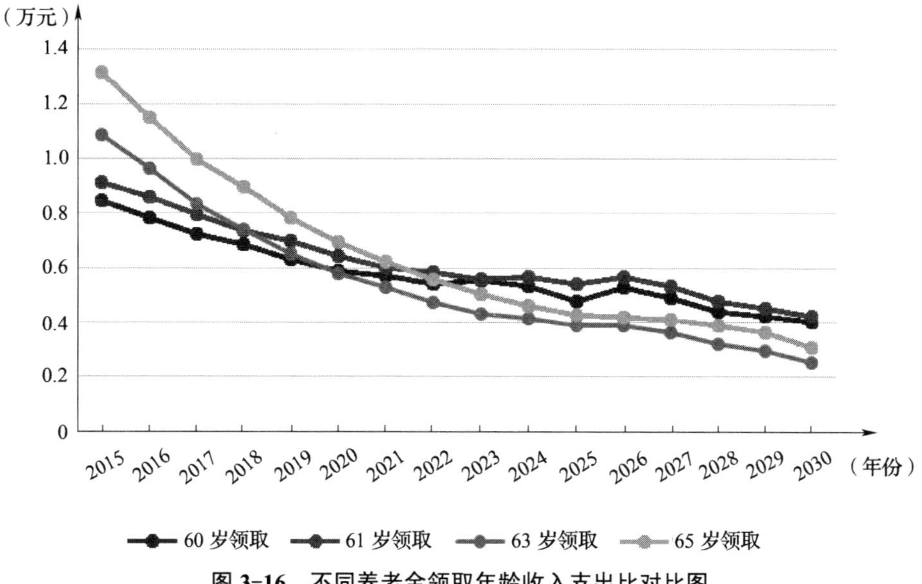

图 3-16　不同养老金领取年龄收入支出比对比图

小的是 60 周岁领取年龄的情形，而后是 61 岁、63 岁和 65 岁，这是因为领取年龄越大，给付压力就越小。值得关注的是在 2022 年左右，不同养老金领取年龄的收支差额和收入支出比曲线形态有明显改变，可以看出在 2022~2030 年收支差额最小、收入支出比最大的不是 65 岁领取的情形而是 61 岁领取的情形。收支差额最大、收入支出比最小的是 63 岁领取的情形而非 60 岁领取的情形。究其原因是由海南省人口结构所决定的，即各年龄海南省城乡居民在 2022 年后较之前的比例结构有变化，使养老保险基金的收支在不同养老金领取年龄的情形下出现了上述问题。

四、小结

本节是在第五节构建的改良人口精算模型基础上，以 2015~2030 年海南省城乡居民分年龄人口数为中间结果，通过养老保险基金收入和支出模型，核算出在养老保险应保尽保，缴费按照 200 元档次、139 计发系数、60 周岁领取年龄等参数的基本假定下，计算了各年份养老保险收入和支出总额，并将每年收支结果轧差计算收支差额以及收入支出比，得到在 2015~2030 年海南省养老保险基金收支变动的趋势。

缴费档次、计发系数和领取年龄是养老保险重要的制度参数，当改变上述参数赋值时，对基金收支总额的影响是通过政策模拟的方法实现的。

本节试算了13个养老保险缴费档次的中位数和最大值档次，即缴费金额为800元和5000元的情形。较之前200元缴费档次的情况来看，明显的趋势是制度施行支出，缴费档次越高基金收入越多，养老金给付能力越强，收支差额下降的速度越慢。但是缴费档次的高低都不能改变收支差额下降以及收入支出比下降的大趋势，这是由海南省人口结构的演变规律决定的。

模拟了计发系数在173和204水平下养老保险基金的收支均衡问题。将此两种情况的计算结果与139计发系数作对比，发现计发系数的改变对未来养老保险基金收支及差额的影响并不显著，只是在2025年以后才出现微小差异，计发系数越大的收支差额略大些。因此，在以后的养老保险制度改革中，试图通过改变，特别是调高计发系数的办法缓解养老金支付压力效果可能不显著。

最后模拟了其他参数相同时推迟养老金领取年龄，即61岁、63岁和65岁三种情形下的养老保险基金收支问题。计算结果发现，与前文的60周岁领取年龄结果比较，一般的趋势是领取年龄越小收支差额越大，养老保险给付压力越大。但是值得注意的是2022年后，61岁领取的情况是使收支差额最小、收入支出比最大，这一结论说明海南省人口结构的变化决定了在现行制度下，推迟领取养老金年龄到61岁，可能有效缓解养老金收支不均衡的困境。

未来研究可以围绕养老保险制度参数最优解的方向展开，即将所有制度涉及的参数通过数量分析方法寻求各参数的最优组合，目的是使养老保险制度实现均衡平稳运行。

第四章

北京市新型农村社会养老保险收支测算和政策模拟研究

新型农村社会养老保险政策作为应对“白发浪潮”、实现农村居民老有所养的关键步骤和重要举措，是经济社会稳步发展的重要推动力。北京是我国的首都，还是政治、文化中心，农村人口严重的老龄化问题和年轻劳动力流失，导致“老有所养”问题显得更加迫切。2008 年，北京市开始实施的新型农村社会养老保险政策，政府大大增加了对农保的投入，使农村居民的养老问题得到很好的解决。但从长期来看，老年人口的大量增加，政府的财政支出庞大，农保政策的适时调整成为必然。对北京市农村养老保险政策的统计研究为北京市农保政策标准调整提供数据参考依据，具有非常高的实际操作价值。

本章以北京市的“新农保政策”的收入和支出为研究目标，首先，以人口普查数据为基础，应用人口精算学年龄推移方法建立了人口精算模型，测算了 2011~2025 年农村分年龄、性别的人口数。其次，以测算的人口数据为基础，利用保险精算、时间序列预测和数理统计等多学科方法建立了北京市新农保的收入和支出模型，测算出 2011~2025 年农村的养老保险收入和支出。测算结果显示 2023 年北京养老保险将出现收不抵支现象，并且收支累计结余非常少。最后，通过对缴费率、收缴率、领取年龄、退休金发放的计发系数和基础、福利养老金标准对养老金的收支进行了大量的政策模拟。主要结论为在 2025 年之前，可以通过明确各区县的责任，而提高缴费率，以及延长养老保险的领取年龄，调整个人账户计发系数等措施，对增加养老金积累起到一定的作用，能有效地预防支付危机的发生。但为了真正解决人口老龄化带来的养老问题，还需要通过提高居民的收入水平和转变养老参保方式，从根本上改变北京市农村居民的养老问题。

第一节　绪　论

一、研究背景与研究意义

社会保障问题一直是人们最关注的民生问题之一，而养老保险问题又是社会保障的重中之重。北京作为我国首都，是中国的政治、文化中心，解决北京市老年人的养老问题，建立完善合理的养老保险制度，是建立和完善社会保障体系的重要组成部分，是维护首都社会稳定，促进首都经济持续健康快速发展的需要。作为农业大国，北京市农村人口急剧老龄化问题越来越突出，同时北京市郊区的环境较市区更好，优美的居住条件使当地居民的人均寿命更长，这使解决农村老年人养老问题更加重要。如何解决北京市农村的养老问题，使所有农村老人都能依靠养老保险制度实现老有所养，已成为人们广泛关注的焦点。如果未来北京市农村老年人口的养老问题能够得到妥善解决，将在很大程度上促进北京市政治、经济的全面发展。

自20世纪90年代初期，北京市就开始探索建立农村养老保险制度，多次出台农村养老保险的相关政策，建立了政府引导、农民自愿参加、以个人账户为主的积累式的农村养老保险制度。但由于财政补贴有限，个人缴费标准较高，农村居民参保积极性不高。直到2008年，北京市新型农村养老保险制度的实施，实行个人账户和基础养老金相结合的制度模式，最大的特点就是政府加大了基础、福利养老金的补贴，使达到领取年龄的参保和未参保居民都能享有较多的财政补贴。

新型农村养老保险政策的实施，在很大程度上调动了农村居民参保的积极性，短期内使农村居民的养老得到了很好的保障。据统计数据显示，新型农村养老保险制度实施后，参保率由2007年的37%提高到了2008年的84%，参保人数在2008年当年就增加63万人，累计达到110万人，打破了十几年来参保人数一直在40多万人徘徊的僵局。2008年，有7.3万人领取基础养老金，财政支出2.45亿元；有56.3万人无保障老人领取福利养老金，财政支出1.35亿元。

虽然目前的新型农村养老保险制度效果明显，但这是建立在政府大量财政

拨款的前提下的。北京市"十二五"规划中指出，北京市农村养老保险制度到2015年要实现全面覆盖。但由于新型农村养老保险制度建立时间不长，以及历史遗留问题，还存在一些急需解决的问题。例如，随着老年人口的不断增加，如何保证政府对养老保险的财政支出有稳定的来源，如何均衡参保人员和未参保人员之间的数量以及最佳的基础养老金和福利养老金的数额等。长期来看，建立完善的农村养老保险体系，还需要在未来相当长的时间内一步步地对其进行调增，而这些也都是非常值得深入研究的问题。

因此，在既能够调动农村居民参保积极性，又不造成政府财政支出负担的条件下，通过对未来北京市农村人口数和养老保险收支状况的测算，分析未来农村养老保险收支的变化趋势，得到未来各阶段的农村养老保险政策标准的调整方案，为北京市政府对未来农保政策进行调整和完善提供可行性的数据依据。这对于完善北京市的养老保险制度具有重大的理论和现实意义，同时这也正是北京市政府目前所急需解决的问题。

二、国内外研究述评

养老保险作为社会保障的重要组成部分之一，各国家对养老保险制度都非常重视，在经济发达国家已经具备比较完善的社会保障制度，但是在经济相对落后地区，地区差异较大，养老保险制度尚不完善，甚至养老保险覆盖面还比较低，养老保险制度改善的空间还很大。国内外学者也都根据各国的情况进行了大量的研究，下面分别对国内外养老保险的研究现状进行分析。

（一）国外研究述评

随着世界人口老龄化进程加快，养老问题在各国都受到非常多的关注，许多外国的学者都结合自己国家的实际情况对养老保险制度进行了深入的研究，尤其是从精算角度进行了较为深入的研究，已经具备比较成熟的研究体系。制度模式、收支平衡、基金运作和基金的风险管理一直是养老保险研究的热点问题，下面分别进行说明。

Robert Holzmann 等（2000，2005）提出各国在保险制度转型过程中应该注意，短期融资和长期财务可行性、对经济增长的影响、其他分配问题以及政治风险和可持续发展问题，建立一个具有多方支持的强制性资助的养老保险体系。

Jessica K. M. Johnson 和 John B. Williamson 等（2006）则通过对玻利维亚、博茨瓦纳、毛里求斯、纳米比亚、尼泊尔、萨摩亚 6 个发展中国家农村地区养老保障的实践分析指出，实行广泛的非分担养老金模式尽管有一些局限性，但对发展中国家农村养老来说不失为最好的选择方案之一。Amihai Glazer 等（2008，2003）也从个人角度出发对参加保险的好处予以认可。

对于收支测算方面，N. L. Bowers 等（1986）早在 20 世纪七八十年代就建立了比较成熟的养老保险收支精算模型。在世界上有数据可查的 131 个国家社会养老金的筹资模式，至少有 129 个国家养老保障资金的基本来源全部由政府拨款和雇主出较大的比例，个人承担较小的比例。然而，收支测算研究却表明未来政府对养老保险的支出却存在巨大的财政负担，Holzmann R. 等（2005，2006）以美国为例指出，如果按照现行的社会保障体制继续发展下去的话，在 2012 年的时候社会保障基金当期收入将低于当前的养老金支付，估计在 2030 年的时候所有的社会保障基金余额将完全耗尽，之后社会保障基金入不敷出，陷入支付危机。

为解决养老保险基金的支付危机，Feldstein Mitchell（2001）认为，一方面，应该转变社会保障的方式，由原来的现收现付制向基金制过渡；另一方面，将社会保障基金投资股市，使积累基金增值。Laurence J. Kotlikoff（1999）则指出为了保证养老金的增值，世界各国银行机构应该针对养老金投资制定适合各国家国情的目标和计划，把银行盈利的目标让位于保证养老基金保值增值目标，进而保证养老金制度改革的稳步进行。

在养老金增值的同时，养老保险基金管理风险问题日益显现，众多学者围绕养老保险基金投资风险展开研究，也已经成为养老保险基金管理的重要研究内容。Markowitz（1970）第一次用精确的数理模型证明了分散投资的优点，建立了均值—方差模型，提出了确定最佳资产组合的基本模型之后，William F. Sharpe、Stephen A. Ross 等（2006，1976）在对基准组合的研究上，先后提出了单因素模型、多因素模型、资本资产定价模型（CAPM）和套利模型（APT），使投资组合理论日臻完善，并最终形成了较为完整的系统的现代投资组合理论。这些都为各国养老保险制度的完善提供了宝贵的理论参考。

（二）国内研究述评

我国养老保险制度建立较晚，制度尚不完善，主要表现为：地区差异大、

基金管理不利、隐性债务严重和农村覆盖率较低等问题。自1997年国务院颁布《关于建立统一的企业职工基本养老保险体制的决定》（国发〔1997〕26号文件）后，养老保险问题引起了众多学者的关注。早期研究主要是针对企业职工基本养老保险的收支测算和制度模式研究。

比较有代表性的是世界银行在1998年的《老年保障：中国养老金体制改革》，提出了社会统筹和个人账户相结合、企业年金基金和自愿的个人储蓄“三个支柱”转变的养老金体制改革意见，并对我国养老制度转轨的“隐性债务”进行了精算，该研究对我国养老保险体制的研究奠定了基础，影响非常深远。高建伟、徐佳、庞洪涛、申曙光等（2004，2009）以精算数学的方法为基础，根据不同条件建立了相应的收支测算模型，测算了未来收支数额，并以此为基础测算出我国的养老金隐性债务存在巨大的资金缺口。王晓军（2000，2001）以保险精算方法测算的养老保险收支为基础，认为我国从现收现付制向部分积累式的养老保险模式转型的成本非常大，改革时间每推迟一年，隐性债务约增加3000亿元，并提出建立实账积累的基金制，进行养老保险制度模式改革的必要性和迫切性。高建伟、薛惠元、王翠琴等（2002，2009）也对现收现付制、基金制和部分积累制养老金制度的成本进行了比较，提出我国隐性债务的巨大支出，名义上虽然实行的是部分积累制，但实质上还是现收现付制，提出了做实个人账户的必要性。

随着人口老龄化进程的加剧，基本养老保险基金收支出现了巨大缺口并呈现逐步扩大的趋势，政府对基金的支付能力及对策逐渐成为众多学者关注的热点。熊俊顺、封铁英、谭湘渝等（2001，2010）以城镇企业职工基本养老保险基金的期末结余与当期养老保险基金支出的比值来测度养老保险基金支付能力，测算结果显示未来各年如果保持一定水平的替代率，保障退休职工的基本生活，我国的养老保险基金的收支状况将面临严重的支付危机。黄晓（2007）提出以税收强制性手段增加养老金收缴率、延长退休年龄、降低平均替代率和扩大覆盖人群等措施增加基金积累和减少支出，预防支付危机的发生。此外，对于基金运作方面，不少学者也提出了不少建议。易楠（2008）则计算了通过设立福利养老基金的方法，用22亿元就能够解决北京市未来37亿元的福利养老金支出，对于缓解政府的支付压力都有一定的参考依据。

由于我国农村养老保险覆盖率低，各地区差异较大，缺乏相应的数据支持等各种原因，研究的学者较少。但随着2009年全国性新农保政策的实施，不少学者也开始利用保险精算理论对其进行研究，但主要是对个人账户支出模型、个人账户替代率的研究。如邓大松、薛惠元等（2010）通过对新型农村社会养老保险的个人账户建立精算模型，对个人账户替代率进行了测算，用全国数据进行了实证分析，发现目前替代率过低的现象，并提出了相应的提高缴费、提高政府补贴和提高基金收益率等建议。李丹、杨丽（2011）通过建立个人账户支出精算模型，对我国新农保的支付能力进行了研究，提出了一系列的对策和措施。阿里木江·阿不来提等（2010）以新疆为研究对象，构建了农村养老保险的缴费模型，结合新疆实际对新疆农村社会养老保险的缴费率、政府补贴比例、养老金替代率进行测算并为具体制度设计提出针对性的政策建议。

随着新农保政策在全国范围内试行，大量学者对城镇职工基本养老保险的关注逐步转变为对农村养老保险制度的关注，由于我国地域差异性大、政策实施时间短、尚处于摸索阶段，以全国范围为对象的研究结论对地方问题的指导性不强，也缺乏政策的可操作性。针对具体地区新农保制度的研究，包括对新型农村社会养老保险的收入、支出精算模型的建立，对收支平衡的分析研究都非常少。因此，以北京市农村养老保险制度为研究对象，通过对北京市农村未来人口结构和养老保险收支状况的反复分析和模拟，确定出未来新型农村养老保险政策标准的最佳调整方案，为北京市政府未来新农保政策调整提供可行性的数据依据。最终使理论研究成果具有解决现实问题的效果，是一项具有很高学术价值和实用意义的研究课题。

三、研究内容、思路和方法

本章以北京市现行的新型农村社会养老保险制度为研究对象，运用人口精算、保险精算、时间序列预测和数理统计等多门学科的知识和方法，建立了北京市农村的人口精算模型、养老保险收入模型和支出模型，测算出未来2011~2025年北京市农村养老保险的收入和支出数额，并在此基础上，将各因素对新农保政策的影响进行政策模拟，确定了未来新农保政策标准的最优调整方案，为北京市新农保政策的调整提供了方向和依据。具体的研究内容、思路和方法

如下：

第一部分主要包括引言、北京市新农保制度内容分析、自 2008 年北京市实施新农保制度以来新农保的收入支出以及参保人数的现状分析。

第二部分主要是建立北京市农村人口精算模型、农村养老保险收入模型和支出模型，是本章的核心内容之一。首先，以北京市人口普查数据为基础，利用人口精算学的年龄推移方法建立了人口精算模型，测算出 2011~2025 年北京市农村分性别、年龄的人口数。其次，在人口测算结果的基础上，利用保险精算学、时间序列预测、数理统计等方法建立了北京市农村养老保险的收入模型和支出模型，并分析了未来养老金的收入、支出变化趋势，为政策模拟打下基础。

第三部分主要包括各因素对新农保政策的影响进行政策模拟，也是本章的核心内容之一。在第二部分精算模型的基础上，测算了未来政府的支出负担；并通过各影响因素对新农保政策标准进行了大量的政策模拟，最后对政策模拟结果进行了总结，得出未来新农保政策标准调整的方向，对实际政策标准调整具有较强的参考价值。

第四部分主要是总结和政策建议。首先对人口、收支模型的测算，以及政策模拟结果进行了总结；其次根据分析结果提出了相应的政策建议；最后为研究展望。

四、创新之处

针对目前我国某一具体地区的新农保制度收支研究相对匮乏的情况，本章在研究对象和研究方法上都有一定的创新。

在研究对象上，针对北京市的新型农村养老保险政策进行研究，并把农村居民分为老人、中人和新人，为新农保收支测算奠定了基础。

在研究内容上，主要体现在以下几点：

第一，应用保险精算方法建立北京市农村养老保险的收入、支出测算模型。目前学者对新农保的研究还主要是个人账户支出替代率的研究，对新农保收入支出测算模型研究很少，尤其是收入测算模型基本没有。本章在把北京市农村居民分为老人、中人和新人的基础上，分别建立了收入、支出测算模型，为全国各省市新农保制度的理论研究奠定了基础，同时北京市农村养老保险的收支测算结果也为北京市未来新农保政策调整提供了数据依据。

第二，利用政策模拟方法，得出了未来政策调整的最优方案。根据新农保收支测算模型的测算结果，北京市农村在2023年将出现当年养老保险收入小于支出的现象，收支差额不断增加，这就要求新农保政策必须不断地进行调整和改进。为了给北京市新农保政策标准的调整提供依据，在变动各种影响因素的情况下，对收支测算值进行了大量政策性模拟，最终确定了一个最优的调整方案，为北京市农村新农保政策标准的实际调整提供了方向，具有较强的实际参考价值。

第三，以普查数据为基础，应用人口精算学方法建立了人口精算模型。目前大多数学者对养老保险收支的分析，都是建立在某个指标变动固定比例的情况下收支的变化多少。本章则通过人口学年龄推移方法和统计学方法，结合人口死亡概率表、迁移数据等，建立了人口精算模型，测算出未来各年分年龄、性别的人口数，也得到未来人口的结构变化，为收支测算值的准确性提供了保证。

第四，利用时间序列方法对农村人均纯收入进行预测。在利用收支模型测算未来的收入和支出时，需要用到未来各年的人均纯收入，而目前许多学者直接变动固定比例的做法不太合理，因为人均纯收入的变化受很多因素的影响，具有不确定性。但本书利用了历年数据进行时间序列分析就克服了这一问题，提高了收入和支出测算值的准确性。

第二节 北京市农村养老保险分析

为适应北京市经济和社会发展的需要，以及由于实行计划生育政策等因素引起的即将面临的“白发浪潮”，自20世纪90年代初期，北京市就开始探索建立农村养老保险制度，在这个过程中，北京市政府根据实际情况，不断地改革与完善，大胆探索创新，尤其在2008年，北京市政府提出实行新型农村社会养老保险制度，建立了具有北京市特色的城乡统筹的新型农村社会养老保险制度，是北京市农村社会保障体系不断稳步向前发展的关键一步，具有非常重要的历史意义。北京市农村社会养老保险是全国农村社会养老保险实施的一个缩影，但其具有自己的特点，下面对北京市新型农村养老保险现状进行分析。

一、北京市农村社会养老保险制度回顾

自 20 世纪 80 年代中期以来，为完善我国的社会保障体系，我国就已经开始摸索实行农村养老保险政策，先后经历了探索试点、稳步推进、整顿规范和创新发展四个阶段。1992 年，民政部发布了《县级农村社会养老保险基本方案》，在该政策推动下，农村养老保险有了很大发展，但 1998 年政府机构改革之后，农村养老保险体制发展陷入停滞状态。但 2002 年以来，农村养老保险事业进入了一个新的发展阶段。中共十六大提出在有条件地方探索建立农村社会养老保险制度；2008 年，党的十七届三中全会提出建立"个人缴费、集体补助、政府补贴"相结合的新型农村养老保险体系；2009 年，国务院提出在 10% 的县（市）开展新型农村养老保险试点。

在此大背景下，北京市在 2008 年以前农村养老保险政策地区差异较大，居民参保的积极性也不高。北京市自 2008 年开始实施新型农村养老保险制度，惠及面前所未有的大，通过努力 2009 年就已率先在全国建立了一个统筹城乡的农村养老保险制度。为了更好地了解北京市新农保政策的特点，下面将其主要的发展阶段及普及情况进行概括，主要分为以下 4 个阶段。

第一，试点阶段（1991~1995 年）。

北京市农村社会养老保险制度建设始于 1991 年国务院决定由民政部负责开展建立农村社会养老保险制度的试点。1992 年，北京市部分地区开始实施民政部下发的《县级农村社会养老保险基本方案（试行）》，基金筹集坚持以个人交纳为主、集体补助为辅、国家给予政策扶持的原则。

第二，推广阶段（1995~2001 年）。

随着社会主义市场经济体制逐渐形成，对于农村社会养老保险不断完善的迫切要求，1995 年《国务院办公厅转发民政部关于进一步做好农村社会养老保险工作意见的通知》和《北京市人民政府办公厅关于加快建立农村社会养老保险制度的通知》的发布标志着北京市农村社会养老保险工作从试点阶段转向全面推开阶段。1998 年底，北京市 14 个郊区县 90% 以上的乡镇、80% 以上的村都建立了农村社会养老保险制度。1999 年，北京市农村社会养老保险工作由民政部门划转到劳动保障部门，采取了"强化管理，稳步发展"政策。

到2000年底，全市14个郊区县，已有38.5万人参保，占应参保人数的25%，保费积累已到4亿多元，约有1万人领取养老金，养老金累计发放309万元。全市农村养老保险管理也逐步走向规范化，但全市农村养老保险的参保率还很低，城乡养老保险制度无法衔接。

第三，改革探索阶段（2002~2007年）。

为贯彻实施党的十六大的精神，2002~2004年，北京市政府先后在怀柔区、密云区、大兴和通州分别进行了筹资模式的改革试点、失地农民参加社会养老保险的试点和农村社会养老保险制度全面改革完善的试点。2005年底，北京市政府出台了《北京市农村社会养老保险制度建设指导意见》，提出筹资方式由以前的"个人缴纳为主、集体补助为辅、国家政策扶持"，改变为"个人缴费、集体补助、政府补贴"，该文件进一步强调了政府对参保农民的补助作用，对基金的专项管理也进行了明确的规定。2006年，各区县财政部门对参保的农民每人每年补贴70元，加上个人的缴费部分，共同构成"个人账户"的基金。

但由于财政补贴有限，个人缴费标准较高，农民参保的积极性一直不高。直到2007年，北京市符合参保年龄段的134万农村劳动力人口中，只有49.1万人参保，农村养老保险覆盖率仅为37%。享受待遇的有3.5万人，平均待遇水平每月仅100元左右，养老待遇水平很低。

第四，创新发展阶段（2008年至今）。

根据中共十七大提出的建立覆盖城乡居民的社会保障制度的总体目标和党的十七届三中全会提出的"加快形成城乡经济社会发展一体化新格局"的要求，北京市政府在十几年农村养老保险的经验基础上，率先在全国提出了新型农村养老保险制度。2007年底，北京市政府相继下发了《北京市新型农村社会养老保险试行办法》（京政发〔2007〕34号）（简称"新农保"）和《北京市城乡无社会保障老年居民养老保障办法》（简称"老年保障"），2008年1月1日开始正式实施。

文件规定男性满60周岁、女性满55周岁的参保农村居民每月补贴增加280元的基础养老金（2011年调整为310元），确定最低缴费标准为本区县上一年度农民人均纯收入的10%；60周岁的城乡无保障老人每月可领取200元福利性养老金（2011年调整为230元）。此举大大提高了补助标准，也调动了农村居民参

保的积极性，标志着北京市覆盖城乡居民的养老保障体系基本建立。

2009 年，在 2008 年实行文件的基础上，北京市发布并实施《北京市人民政府关于印发北京市城乡居民养老保险办法的通知》（京政发〔2008〕49 号）。同时，“新农保”废止。这样，农村居民的养老保险同城镇享有同样的标准，北京市在全国率先实现了城乡居民养老保险制度的统一。城乡居民养老保险制度，在全国首先提出了“居民养老保险”概念，将两部分人纳入其中。一是原新型农村社会养老保障符合参保条件的农民。截至 2009 年初，参加新农保人员累计达 110 万人。二是劳动年龄内无固定收入的大龄城镇居民，并且未参加企业职工基本养老保险的，女 55 岁以下、男 60 岁以下人员。截至 2009 年初，这部分人累计达 10 万人。福利养老金一次性扩容，将未参加其他养老保险、年满 56~59 岁者的城乡女性居民，一次性纳入福利养老金制度。

下面介绍北京市养老保障体系的构成，以深入了解目前新农保的研究范围。

二、北京市养老保障体系新格局形成

2009 年，北京市在全国率先实现了城乡居民养老保险制度的统一。北京市形成城乡居民养老保险、福利养老金、企业职工基本养老保险和机关事业单位退休金制度的新格局。北京养老保障实现全民覆盖。截至 2009 年初，746 万人参加职工养老保险，110 万人参加机关事业单位退休金制度，60 多万人领取福利养老金，120 多万人参加城乡居民养老保险。

企业职工基本养老保险涉及人群：①在职职工，无论户籍为城镇或农村，由单位统一参加。②机关事业单位退休金涉及人群：在机关事业单位工作的人员统一享受的政策。③城乡居民养老保险涉及人群：没有参加职工基本养老保险的，灵活就业、无业等劳动年龄内居民，无论户籍为城镇或农村，都可参加。④城乡无保障老人、养老保障（福利养老金）涉及人群：超过劳动年龄的无保障居民。

因此，为了研究方便，下面把城乡居民养老保险和城乡无保障养老保险中农村部分简称“新农保”。

三、北京市新农保标准分析

为了更清晰地了解北京市新型农村养老保险制度，必须首先明确新农保制度的基本情况，根据新农保的相关规定，新农保制度的基本内容如表 4–1 所示。

表 4-1 北京市新农保制度要点

参保范围	年满 16 周岁、非在校学生、未参加城镇职工基本养老保险的北京市农村居民
筹资方式	个人缴费、集体补助、政府补贴
个人缴费标准	最低缴费标准为：上一年度本区县农村居民人均纯收入的 10%，参保人员可根据经济承受能力提高缴费标准，但最高不超过上一年度北京市城镇居民人均可支配收入的 30%。参保人员每年个人缴费和集体补助的总额，不得低于本区县的最低缴费标准
集体补助	个人缴费、集体补助、其他收入及利息
养老金待遇	参保居民：个人账户累计和基础养老金（2008~2010 年是 280 元 / 人·月；2011 年调整为 310 元 / 人·月） 未参保居民：福利养老金（2008~2010 年是 200 元 / 人·月；2011 年调整为 230 元 / 人·月）
个人账户发放标准	已经参加农村社会养老保险，并且女年满 55 周岁，男年满 60 周岁，按月享受养老金待遇，个人账户养老金均按 60 岁相应的计发系数确定个人账户养老金标准，即月计发标准为个人账户全部储存额除以 139
资金筹集	基础养老金由资金由市、区县财政共同筹集，分别列入市、区县财政预算；福利养老金全部由政府负担
养老金领取条件	参保年限累计达到 15 年，男 60 岁、女 55 岁及以上，均可领取个人账户累计和基础养老金；未参保居民达到领取年龄，男 60 岁、女 55 岁及以上的农村居民均可领取福利养老金
待遇调整	随着社会经济发展逐步调整，使农民未来养老确实能够得到基本保障

表 4–1 主要是对北京市农村养老保险制度的以往发展的回顾，为了下面建立北京市新农保的收入支出测算模型，下面对新农保的特点、现状和标准进行分析。

（一）“新农保”体现了四个“新”

在“新农保”中，政府加大了对参保农民的投入力度，体现了市政府统筹城乡发展的战略，也体现了市政府关注“三农”解决“三农”问题的决心。新农保政策让北京市农村居民老年生活更加殷实可靠，主要在以下四个方面实现创新，具体体现为：

第一，制度模式“新”。

新农保制度确立个人账户与基础养老金相结合的制度模式。与北京市以往的农保制度相比，新农保在建立个人账户的基础上，增加了基础养老金部分，基础养老金是由市区两级财政进行补贴的。

第二，待遇计发标准“新”。

参保农民享受待遇由个人账户养老金和基础养老金两部分组成。个人账户养老金计发标准按个人账户积累总额（个人缴费和集体补助）和国家对城镇基本养老保险个人账户的计发月数确定；同时新增加基础养老金，每人每月 280 元，并且基础养老金还有增长机制，会随着社会经济发展而逐步调整（2011 年北京市政府根据物价水平的提高，把基础养老金调整为每人每月 310 元）。与以往农保制度相比，新农保改变了农村居民的养老主要靠个人账户积累的局面，使农民的养老问题得到基本保障。

第三，缴费方式“新”。

新型农村养老保险制度实行弹性缴费标准，最低缴费标准为本区县上一年度农民人均纯收入的 10%，最低缴费标准以上部分可由农民根据承受能力自愿选择，体现多缴多得。弹性缴费标准，考虑了近郊、远郊农民不同的承受能力和需求。与以往农保制度相比，大龄农民缴费标准门槛将大大降低。有条件的人员可选择高标准缴费，转城镇居民户口以后，便于与城镇养老保险的衔接。

第四，城乡衔接“新”。

新农保制度规定，农民转成城镇居民参加城镇基本养老保险时，农保缴费可按相应年度城镇基本养老保险缴费折算缴费年限。参加城镇职工养老保险的农民工到达领取年龄时不符合按月领取条件的，可按一次性待遇的政策，将资金转入农保经办机构，建立农保个人账户，按农保规定享受待遇。已参加了旧农保的人员全部纳入到了“新农保”制度，还在缴费年龄内的参保人员按照“新农保”的规定继续缴费，已领取待遇的人员在领取原养老金的基础上每月增加 280 元的基础养老金，实现了新老制度的平稳衔接。

（二）基础、福利养老金的增加是“新农保”最大的特点

“新农保”从养老保险的财政补贴、管理服务、资金保值增值等各个环节进一步明确了政府责任。确立了个人账户和基础养老金相结合的制度模式（其中基础养老金是新增，规定男性满 60 周岁、女性满 55 周岁的参保农村居民每月可领

取280元的基础养老金），采取个人缴费、集体补助、财政补贴相结合的筹资方式；同时还降低了缴费门槛，实行弹性缴费标准，确定最低缴费标准为本区县上年度农民人均纯收入的10%，缴费上限确定为北京市城镇居民人均可支配收入的30%。60周岁的城乡无保障老人每月可领取200元福利性养老金。

与原来的农村养老保险相比，新农保最大的不同就是，新型农村社会养老保险在个人账户资金的基础上，增加了每人每月280元的基础养老金，未参加养老保险的居民为每人每月200元的福利养老金，基础养老金由市、区县财政部门共同筹集，福利养老金全部由政府负担。

2011年1月1日，市政府对基础养老金和福利养老金进行了首次调整，每月均提高30元。调整涉及81万人，财政将增加投入2.9亿元。目前全市参加城乡居民养老保险的人员已经达到167.8万人，领取城乡居民养老保险金的有21万人；享受老年保障福利养老金人员有61.5万人[①]。

（三）“新农保”制度大大调动了农民的参保热情

“新农保”制度的实施，大大提高了农民的参保积极性，也为全国全面展开农村社会养老保险起到了积极的示范作用。图4–1可见北京市在农村养老保险初期，参保率很低，1995年底，仅有15.6万人[②]参加养老保险，占应参保人数的比率，即参保覆盖率仅10.4%。1995年在农村社会养老保险工作几年的试行经验基础上全面展开。2000年底，全市14个郊区县，已有38.5万人参加养老保险，参保覆盖率上升到25%，比1995年翻了1倍多。北京市农村养老保险制度逐渐走向规范化。但是由于参保费用较高，同时农村居民更倾向于储蓄，农村养老保险工作没有取得很大的突破，参加农村养老保险的人数增长幅度很小。2007年底，参保人数达到49万人，参保覆盖率36.6%。

2008年，新型农村社会养老保险制度的实施使农村居民的参保热情大大高涨，无论是参加养老保险的人数，还是覆盖率都成倍地增加。2008年底，北京市农村参保人数累计达到127.5万人，其中当年参保人数就增加78.5万人，比2007年增加1.6倍，比1995年增加7.2倍。同时参保覆盖率从2007年的

① 北京晨报，网址：http://finance.qq.com/a/20101230/001832.htm。

② 北京市国民经济和社会发展统计公报，下同。

36.6%提高到85%，实现了重大的突破。2009年和2010年，参加农村养老保险的人数也在不断地增加，分别达到153万人、159.3万人。2010年底，北京市农村社会养老保险参保覆盖率已经达到92%，从全国来看，已经达到很高的水平。

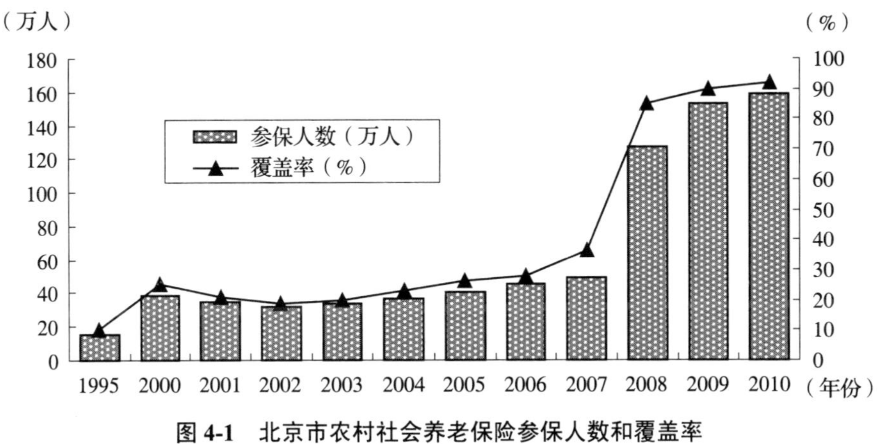

图4-1　北京市农村社会养老保险参保人数和覆盖率

资料来源：1996~2009年《中国劳动与社会保障统计年鉴》；1996~2009年《中国劳动统计年鉴》；2009年、2010年《北京市国民经济和社会发展统计公报》。

与以往的农村养老保险制度相比，新农保充分体现了政府从根本上保障农村居民生活水平的决心。新增的基础、福利养老金对于城镇居民来说，可能还比较低，但是对于农村居民，已经达到了保障老年人口基本生活的水平，而新农保实施后参保人口迅速增加也充分说明了这一点。但是，随着老龄化问题的日益严重，政府的支出压力越来越大，下一章就对新农保实施以来，养老保险的收支进行分析。

第三节　北京市新农保政策的收支和人口现状分析

新农保政策的实施，大大增加了农村居民参保的积极性，但是在北京市农村人均寿命不断增长，老龄化人口不断增加的同时，目前实行的新农保政策能否长久运行下去，这取决于北京市农村未来的养老保险收支和人口结构的变化进行具体分析。

一、新农保制度加大了政府的财政负担

新农保制度充分考虑到北京市经济发展水平和物价水平，使农村居民享受到非常的福利，确保了农村居民老年以后的生活上无问题。在农村居民参保热情高涨的同时，政府的财政支出结构和支出压力是一个不得不考虑的问题。特别是以往农村养老基金积累有限，政府必须在合理预见将来情况下，合理安排市政府的财政收入结构，才能够保证这些支出准时地发到农村居民手中，使居民放心、安心养老。

2008 年，北京市农村享受“新农保”待遇领取养老金人员有 7.3 万人[①]，除个人账户支出，需增加基础养老金支出 2.5 亿元；2009 年 14.2 万人领取养老金，仅基础养老金支出 4.8 亿元；2010 年 16.7 万人领取养老金，基础养老金支出 5.6 亿元。截止到 2011 年 5 月，2011 年北京市农村有 17.8 万人领取基础养老金，支出 6.6 亿元；累计支出 19.4 亿元。

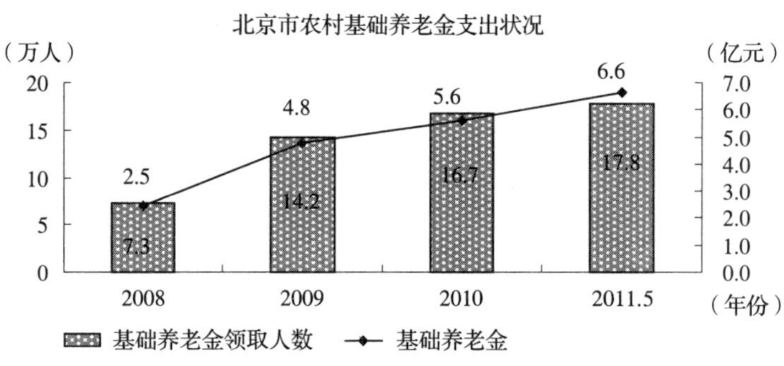

图 4-2　北京市基础养老金的支出状况

从图 4-2 中的数据可以看出，自从 2008 年北京市实施新型农村养老保险政策以来到 2011 年 5 月，北京市农村养老保险仅基础养老金的支出高达 19.4 亿元，平均每年支出 4.9 亿元。随着农村老龄化进程的加快，老年人口迅速增加。同时，伴随物价增长，基础养老金支付数额会逐步增加，这样政府的支出负担更

① 中国养老金网，网址：http://bj.cnpension.net/sbylj/2009-01-21/800457.html。
新华网，网址：http://news.xinhuanet.com/local/2011-08/29/c-121924987.htm。

加沉重。

2008 年，福利养老金领取人员有 56.3 万人，需要政府财政支出 13.5 亿元；2009 年 57.8 万人领取福利养老金，财政支出 13.9 亿元；2010 年 60 万人领取福利养老金，财政支出 14.4 亿元；2011 年 5 月，61.4 万人领取福利养老金，财政支出 16.9 亿元。

由图 4–3 的数据可以看出，自 2008 年北京市对城乡无保障老人进行福利养老金补贴以来，每年的福利养老金支出逐年增加，从 2008 年的 13.5 亿元到 2011 年 5 月的 16.9 亿元，到 2011 年 5 月福利养老金支出累计 58.7 亿元，年均支出 14.7 亿元。参加城乡无保障补贴的老年人口数也从 2008 年的 56.3 万人增加到 2011 年 5 月的 61.4 万人。随着人口不断增加，一方面说明越来越多的老年人享受到政府的补贴，养老保险逐步实现了城乡居民全覆盖；另一方面也说明随着时间的推移，达到领取资格的农村无保障老年人口逐渐增加。总之，政府的财政负担压力越来越大。

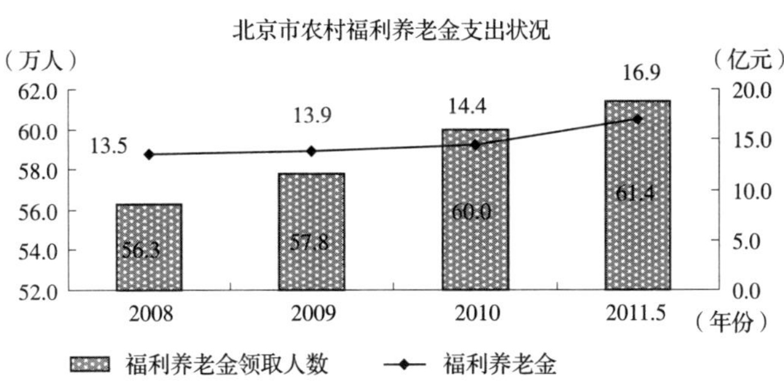

图 4–3 北京市福利养老金的支出状况

对比北京市农村养老保险基础养老金和福利养老金支出可以看出，截止到 2011 年 5 月，北京市达到领取养老金年龄农村居民中，17.8 万人是过去参加养老保险，已达到领取养老金年龄的 61.4 万人是过去未参加养老保险，目前符合领取福利养老金的资格的。基本养老金和福利养老金平均每年支出 4.9 亿元和 14.7 亿元。福利养老金是基本养老金的 3 倍，说明北京市未来的养老支出形势非常严峻，在“白发浪潮”来临之际，在保障这部分无保障老人安度晚年的同时，如何逐步调整养老保险政策标准，减少收支差距，减轻政府的财政负担，显得尤为重要。

二、人口老龄化分析

随着北京市城镇化进程加快，北京市农村人口有减少趋势，但是，老年人口数量却在不断增加，这就使北京市农村居民的养老负担迅速增加。因此，为了分析北京市农村未来的养老负担，下面首先对人口老龄化指标进行分析。

（一）人口老龄化定义

人口老龄化是指，在一定的地域范围内，老年人口在总人口中所占的比重不断上升的人口年龄结构的动态变化过程，是随人口寿命延长和生育水平下降而出现的人口年龄结构的一种变化趋势，它不是绝对数量的描述，而是一种比例关系。

（二）人口老龄化衡量标准

国际上通常把 60 岁以上的人口比率超过总人口的 10%，或 65 岁以上的人口比率超过总人口的 7%，作为一个国家或地区进入“老龄化社会”的标准。65 岁以上的人口比率超过总人口的 14%，则被称为“老龄社会”。从经验来看，一般一个国家进入“老龄社会”后，经济发展将会缓慢下来。从老龄化社会进入老龄社会，法国用了 115 年，英国用了 47 年，德国经过了 40 年，而日本只用了 24 年，速度之快非常惊人。根据联合国的人口统计数据，中国将在 2024~2026 年前后进入老龄社会，速度与日本大体相同。

另外，国际上通常用桑德巴尔的分类标准考察一个国家和地区的人口结构类型，即按照一定的标准把人口结构分为年轻型、成年型和老年型。考察的指标主要有：老年人口比重、少儿人口比重、老少比和年龄中位数。其中老年人口比重是 65 岁及以上人口占总人口的比重；少儿人口比重指 0~14 岁的人口数占总人口的比重；老少比指老年人口与少儿人口的比重；年龄中位数指 50% 人口的年龄界限。是反映年龄状况的一个指标。老少比由于考察的是老年人口和少儿人口同时发生变化时二者之间的关系，所以对年龄结构的变化比较敏感。

老年抚养比，指老年人口占劳动力人口的比率，它表示 100 名劳动力人口要负担的老年人数。这里的老年人口是指 65 岁及以上的人口。老年抚养比越大，

表示每个劳动力人口负担的人数越多。特别是随着老龄化速度的加快，老年抚养比增长速度不断加快。

三、北京市农村人口现状

北京市人口老龄化始于20世纪70年代，20世纪80年代经历了由成年型向老年型的过渡，20世纪90年代已经进入到老年型社会。而北京市农村由于环境较城市更好，生活压力小，老年人口寿命更长，老龄化程度更严重，下面具体进行分析。

（一）北京市农村已全面进入老年型社会

通过国际上通用的桑德巴尔的分类标准考察北京市农村的人口结构，通过对各个指标的计算，得到表4-2。从表中可以看到，1990年虽然老少比没有超过30，但已经远远大于15，并且明显非常接近30。而少年人口比重和老年人口比重都已经超过成年型和老年型社会的指标界限，说明此时已经进入到老年型社会。到2000年时，各项指标都显示着北京市农村已经进入到老年型社会，尤其是从对老龄化程度反映最灵敏的老少比就可以看出，从1990年到2000年十年间，老少比从27.3增加到43.8。到2008年底，北京市农村居民的老少比更是增加到92.8，比2000年多了1倍多，更说明北京市农村已经以非常快的速度全面进入老年型社会。

表4-2　北京市农村人口年龄结构类型　　单位：%

年龄构成	年轻型	成年型	老年型	1990年	2000年	2008年
少儿人口比重	>40	30~40	<30	25.6	19.2	11.1
老年人口比重	<4	4~7	>7	7.0	8.4	10.3
老少比	<15	15~30	>30	27.3	43.8	92.8
年龄中位数（岁）	<20	20~30	>30	24	33	37
老年抚养比	—	—	—	10.4	11.6	13.1

资料来源：1982年数据来自1990年普查数据，1990年数据来自《世纪之交的中国人口，北京卷》，2000年数据来自中国2000年普查数据，2008年数据来自《中国人口年鉴（2009）》。

（二）北京市农村人口老龄化加速

北京市农村人口老龄化程度不断加深的同时，人口老龄化的速度也在不断地加快。由表4-3可以看出，1990~2000年十年间，北京市农村总人口增加18.2万人，年增长率为0.61%；65岁及以上的老年人口增加5.56万人，年增长率为2.47%。老年人口相对年增长率为1.85%。而在2000~2010年期间，北京市农村总人口呈现出下降趋势，十年间减少30.7万人，年均减少率1.05%。而65岁及以上老年人口总数却增加了6.10万人，在总人口不断减少的同时，老年人口增加数却高于前十年的5.56万人。受到总人口基数的影响，2000~2010年老年人口年增长率略有下降，由2.47%降为2.15%，变化幅度不大。

但是值得注意的是，在北京市农村总人口大幅下降的同时，65岁及以上的老年人口数在不断增加，相对年增长率由原来的1.85%增加到3.20%，比前十年几乎增长1倍。这也充分说明了北京市农村老年人口的老龄化速度在不断地加快。

表4-3 1990~2010年北京市老年人口和总人口增长率比较

期间	65岁及以上人口		总人口		65岁及以上人口
	增加人数（万人）	年增长率（%）	增加人数（万人）	年增长率（%）	相对年增长率（%）
1990~2000年	5.56	2.47	18.2	0.61	1.85
2000~2010年	6.10	2.15	−30.7	−1.05	3.20

注：65岁及以上相对年增长率=65岁及以上人口年增长率－总人口年增长率。

资料来源：1990年数据来自《世纪之交的中国人口，北京卷》，2000年数据来自中国2000年普查数据，2010年数据来自《中国人口年鉴（2011）》。

造成北京市农村老年人口老龄化速度加快的原因主要可能是，20世纪50年代到60年代中期中国鼓励多生孩子有关，当时一个家庭有四五个孩子也都是常事，那时出生的人口正好成为中老年人口，导致目前老年人口急剧增多。自改革开放尤其是20世纪90年代以来，北京市的经济社会水平迅速发展，在控制人口数量、提高人口质量的同时，出生率和自然增长率不断下降。同时，由于北京市城乡一体化进程的加快，高素质、年轻的劳动力更倾向于到城市工作，而老年人口则一般都会留在农村，这都会导致农村总人口不断下降，而老年人口比例一直不断增加且增速不断加快。

（三）北京市农村人口呈现高龄化趋势

在北京市农村老龄化速度不断加快的同时，人口高龄化趋势也越来越明显。如表 4–4 所示。

表 4–4 1990 年、2000 年、2010 年北京市农村各年龄段老年人口比较

年龄段	占总人口比例（%）			2000 年相对 1990 年比重	2010 年相对 2000 年比重
	1990 年	2000 年	2010 年		
50~54 岁	4.27	5.66	8.35	1.33	1.48
55~59 岁	4.34	4.11	7.57	0.95	1.84
60~64 岁	3.50	3.66	5.35	1.05	1.46
65~69 岁	2.82	3.41	3.77	1.21	1.11
70~74 岁	2.03	2.42	3.17	1.19	1.31
75~79 岁	1.37	1.51	2.72	1.10	1.80
80~84 岁	0.70	0.75	1.68	1.07	2.24
85~89 岁	0.22	0.27	0.82	1.23	3.04
90~94 岁	0.03	0.06	0.27	2.00	4.50
95~99 岁	0.00	0.01	0.05	—	5.00
100 岁以上	0.00	0.00	0.00	—	—
合计	19.29	21.85	33.77	1.13	1.55

资料来源：1990 年、2000 年数据为普查数据，2010 年数据为采用年龄推移法计算得到的数据。

由表 4–4 可以看出，在下面的年龄分组中，高龄老年人所占比例明显增加。这一趋势无论是在他们占总人口的比例中，还是占 50 岁及以上人口的比例中都能明显看出。70 岁以上的人口比例明显增加，2010 年，70 岁以上的人口占总人口的 8.71%，与之相比较，这个比例在 2000 年是 5.02%，1990 年是 4.35%。20 年间该值增长了近 1 倍。而年龄越大增长的比例越大，如 70~74 岁，2010 年这一比例是 2000 年 的 1.3 倍，75~79 岁 是 1.8 倍，80~84 岁 是 2.24 倍，85~89 岁 是 3.0 倍，90~95 岁是 4.5 倍，95~99 岁是 5 倍，可见年龄组越大，占总人口比例越大。

图 4–4 对北京市农村各年龄段人口比重进行了纵向比较，分别表示该年龄段 2000 年占总人口比重与 1990 年之比、2010 年占总人口比重与 2000 年之比。

首先，图中两条线中各点的值均大于 1，说明各年龄段的人口比重都是增加的。其次，2010 年与 2000 年的之比的折线除 65~69 岁的人口，其余年龄段人口均高于 2000 年与 1990 年之比数值，说明各年龄的人口比重都在增加。最后，随着年龄的增大，前者大于后者的幅度越来越大，说明北京市农村老年人口出现高龄化趋势。

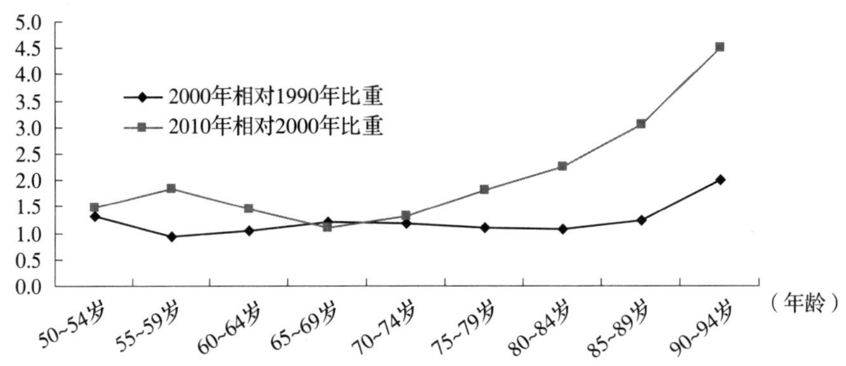

图 4-4　1990 年、2000 年、2010 年北京市农村各年龄段老年人口比重纵向比较

出现高龄化的原因主要是，随着人们的生活水平不断提高，老年人口的医疗水平在不断地完善，农村老年人口的死亡率在不断下降。同时，现在人们越来越注重生活质量，而农村生活环境较城市更加优美，更适宜养老。这些都使北京农村人口平均预期寿命不断延长。随着老龄化速度的加快，高龄化越来越成为北京市农村人口的一个重要特征。

四、新农保政策标准的研究意义

通过对北京市目前的新农保收支和人口现状的分析可以看出，新农保的实施大大调动了农民参保积极性，人口老龄化进程加快和基础、福利养老金的增加都有可能引起养老金支付的负担明显加大。随着农村居民人均收入的不断提高，新农保政策不可能一成不变，需要不断地进行调整，2011 年北京市政府对基础养老金和福利养老金分别提高 30 元就是一个很好的证明。

政府的农村社会养老保险财政支出压力，在很大程度上取决于农村居民参加养老保险的缴费金额、缴费年限和人口老龄化水平。而农村社会养老保险，不同于城市职工的基本养老保险。农村社会养老保险的参保人都是自愿参加的，而

且缴费金额可由自己决定，只要在要求的缴费区间内即可。农村居民就会在是否参保、参保金额以及参保年限之间进行衡量，只有在自己受益的前提下才会参加养老保险。这更使政府的财政支出压力增大。

为了建立农村养老保险的长效运行机制，如何在保证农村居民老有所养的条件下，既能够让农村居民持续保持较高的参保热情和较高的缴费率、缴费年限等，又能够保证政府的财政负担不至于过大，这些都是未来新农保政策调整需要关注的。

下面就通过建立人口精算模型和收入、支出精算模型，对这些问题进行进一步的研究。

第四节　北京市农村人口测算

对北京市农村未来人口测算是对未来农村养老保险金收支测算的基础。因此这一章主要分析对北京市未来农村人口的影响因素，并对其进行预测，建立人口预测模型，从而准确预测未来的分性别、年龄的人口数，为养老金收支测算打下基础。

一、北京市农村人口影响因素分析

根据人口学理论，一定时期内某一地区的人口数取决于该地区的出生人数、死亡人数、迁入和迁出人数等。以北京市 2000 年第五次人口普查提供的分性别、分年龄的人口数据为期初数据，采用生命表技术，通过预测出生率、死亡率及净迁入率（迁入率 - 迁出率）的变化趋势，即可对未来农村人口结构进行测算。

1. 出生率

出生率是指，一定时期内（通常为一年）某一地区的新生儿数量与同期内平均人数之比。这个公式计算出的出生率就称作粗出生率。它受到国家生育政策、居民的生育意愿等的影响。出生率的大小直接影响着未来人口结构的变化，是人口结构变化的基础。

从另一角度看，育龄妇女（在15~49岁的已婚妇女）的生育率和育龄妇女占人数决定了新生婴儿的多少。育龄妇女的生育率越高且育龄妇女人数越多，出生率一般也越高，出生婴儿也就越多。因此，通过育龄妇女的人数和生育率来计算新生儿的数量，考虑到了人口中育龄妇女所占的比例，比直接利用总人口和粗出生率来计算更加准确可靠。本书即利用育龄妇女的人数和生育率来考虑新生儿的数量。其计算公式为：

$$新生儿数量=育龄妇女数\times 生育率$$

2. 死亡率

死亡率是指，一定时期内（一年）某一地区的死亡人数与同期内平均人数之比。死亡率高低主要与年龄有关系，年龄越大，死亡率越高。同时，居住环境、生活习惯、医疗水平以及性别的不同也会对死亡率的大小造成一定的影响。

3. 净迁入率

净迁入率是指，一定时期内（一年）某一地区的净迁入人数占同期平均人口数量的比率。净迁入率是迁入率和迁出率之差。随着北京市城镇化进程的加快，大量高素质的年轻劳动力涌向城市，而老年人口则一般留在农村养老。同时，迁移人口的还会受到户籍制度的影响。迁移人口包括迁入和迁出人口都主要集中在青壮年年龄段。因此，不同年龄的迁移率差距较大，需要分年龄进行分析。

综合起来可以知道，对于新生儿的人口数量，可以根据每年的育龄妇女数及其生育率算出。对于0岁以上人口数的计算，考虑到死亡率和净迁入率，根据人口数的推移计算得到。因此，对2011~2030年人口进行预测就需要对未来生育率、死亡率、净迁入率等进行预测和一定的假设。

二、北京市未来农村人口预测模型

对于北京市农村人口进行预测，需要以北京市2000年人口普查数据为基础数据，该数据包括2000年北京市农村分性别、分年龄的人口数。据2000年人口普查数据显示，北京市农村人口总数为3046730人，其中男性1569534人，女性1477196人，男女性别比为1.063:1，其中60岁及以上的人口占12.08%。

根据人口理论，一定时期内某一区域内的人口数受出生人口、死亡人口、

迁入人口和迁出人口等因素的影响，而新生儿人口数主要受育龄妇女人口数和育龄妇女的生育率的影响。因此，预测模型分为两部分，一是利用育龄妇女的生育率对新生儿的数量进行预测，二是对于 0 岁以上的人数，利用死亡率、净迁移率对人口进行推移预测。下面进行人口预测模型的建立。

（一）北京市农村新生儿的预测模型

新生儿数量主要受当年育龄妇女数和生育率的影响，所有育龄妇女一年内所生的孩子就是该年的新生儿数量。用 $P_{t,x}$、$P^m_{t,x}$、$P^f_{t,x}$分别表示在 t 年 x 岁的总人口、男性、女性的数量，$f_{t,x}$ 表示在 t 年 x 岁的女性生育率，B_t 表示在 t 年的新生儿数量，$B_{t,x}$、$B^m_{t,x}$、$B^f_{t,x}$表示在 t 年 x 岁的女性所生育的新生儿的总数、男婴数和女婴数。有

$$B_{t,x} = P^f_{t,x} \times f_{t,x} \tag{4-1}$$

由于育龄妇女的年龄是 15~49 岁，则在 t 年新生儿的数量为该年 15~49 岁育龄妇女所生育的孩子的总和，即为

$$P_{t,0} = B_t = \sum_{x=15}^{49} B_{t,x} = \sum_{x=15}^{49} P^f_{t,x} \times f_{t,x} \tag{4-2}$$

设在 t 年新生儿中男孩比重是r^m_t，则在 t 年新生儿中男孩和女孩数分别为：

$$P^m_{t,0} = P_{t,0} \times r^m_t = \sum_{x=15}^{49} P^f_{t,x} \times f_{t,x} \times r^m_t \tag{4-3}$$

$$P^f_{t,0} = P_{t,0} \times (1 - r^m_t) = \sum_{x=15}^{49} P^f_{t,x} \times f_{t,x}(1 - r^m_t) \tag{4-4}$$

根据式（4–3）、式（4–4）就可以计算出未来各年男性和女性的新生儿数量。

（二）北京市农村 0 岁以上人口的预测模型

0 岁以上人口的数量的变化主要是考虑受死亡率和净迁入率的影响，运用年龄推移算法就能够得到 0 岁以上分年龄、性别的农村人口数。如某一年 x+1 岁的男性人数即为上一年 x 的男性人口数减去上一年 x 岁男性死亡人数，再加上 x 岁男性人口的净迁入人口数。

用（NIR）$_{t,x}$ 表示在 t 年 x 岁人口的净迁入率，$d^m_{t,x}$、$d^f_{t,x}$分别表示在 t 年 x 岁男性、女性的死亡率，则有 t+1 年 x+1 岁的男性、女性人口数$P^m_{t+1,x+1}$、$P^f_{t+1,x+1}$分别为

$$P^{m}_{t+1,x+1} = P^{m}_{t,x} - P^{m}_{t,x} \times d^{m}_{t,x} + P^{m}_{t,x} \times (1 - d^{m}_{t,x}) \times (NIR)_{t,x}$$
$$= P^{m}_{t,x} \times (1 - d^{m}_{t,x}) \times (1 + (NIR)_{t,x}) \quad (4\text{–}5)$$

$$P^{f}_{t+1,x+1} = P^{f}_{t,x} - P^{f}_{t,x} \times d^{f}_{t,x} + P^{f}_{t,x} \times (1 - d^{f}_{t,x}) \times (NIR)_{t,x}$$
$$= P^{f}_{t,x} \times (1 - d^{f}_{t,x}) \times (1 + (NIR)_{t,x}) \quad (4\text{–}6)$$

以 2010 年人口普查数据为基础，根据式（4–5）、式（4–6）就可以计算出 0 岁以上各个年龄的男性人数和女性人数。

三、人口精算模型的影响因素预测与假定

在基础数据的基础上，对分性别、分年龄的人口数进行预测，还需要出生率、死亡率和迁移率，并需要对它们进行预测和一定的假设。下面是对具体影响因素的分析。

（一）北京市农村育龄妇女人数和生育率的预测

新生儿的人数主要受育龄妇女的生育率和育龄妇女的人数影响。育龄妇女是指 15~49 岁的女性，人口数据可以直接在预测当年各年龄女性人数中得到，下面主要是对各年龄女性的生育率进行预测和假设。

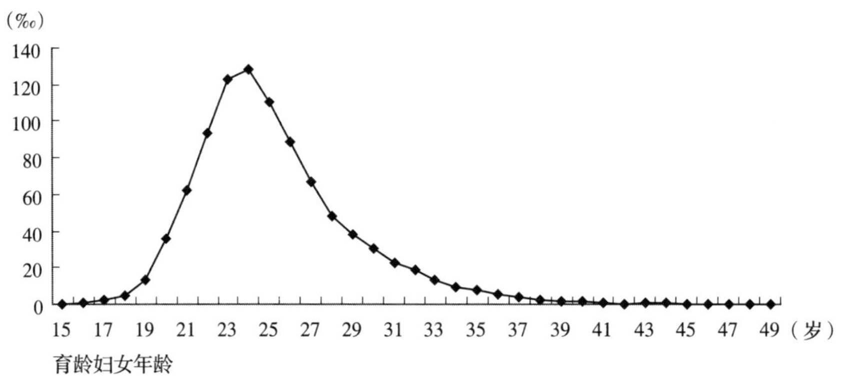

图 4-5　2000 年各年龄育龄妇女人的生育率

资料来源：《北京市 2000 年人口普查资料》。

从普查数据得到，北京市农村育龄妇女总生育率是 0.934，说明如果生育率不变则一个妇女一生生育 0.934 个孩子。该总生育率高于北京市城镇育龄妇女生育率的 0.64，但低于全国的 1.22，在全国各省市的农村地区的生育率除上海外是

最低的。总体上北京市农村生育率是比较低的。从图 4-5 中可以看出，育龄妇女的生育高峰主要集中在 20~34 岁，其中 24 岁的生育率最大，达到 128.3‰，表示平均每 1000 个 24 岁的育龄妇女就要生育 128.3 个新生婴儿。其次 23 岁和 25 岁的育龄妇女生育率为 122.7‰和 110.5‰。

由于生育率在短期内变化不会很大，所以这里在预测新生儿数量时，假设未来年龄别育龄妇女的生育率不变。

（二）北京市农村新生婴儿中男女比例

通过对 1990 年、2000 年人口普查数据中新生儿的性别观察，男女新生儿性别比（男 / 女）均固定在 1.08 附近，说明新生儿的性别比例变化不大，因此假设未来 0 岁婴儿的性别比也不会发生太大的变化，这里取 1.08 为未来新生儿的性别比。

（三）北京市农村死亡率的假定

由于死亡率的大小主要受年龄的影响，在生活环境、医疗水平没有发生重大变化的情况下，死亡率的变化很小。因此分性别、各年龄人口的死亡率假设在未来不发生变化。死亡率按中国保险监督委员会 2005 年发布的《中国人寿保险业经验生命表》（2000~2003 年）中的概率计算。

由图 4-6 可以看出，在年龄较小时，男性、女性的死亡率都比较低，直到 70 岁时男性死亡率是 20.184‰，女性是 13.227‰。70 岁以后死亡率增长速度加快，并且男女死亡率差距加大。因为假设人们的预期寿命是 105 岁，所以在 105 岁时死亡概率是 1。

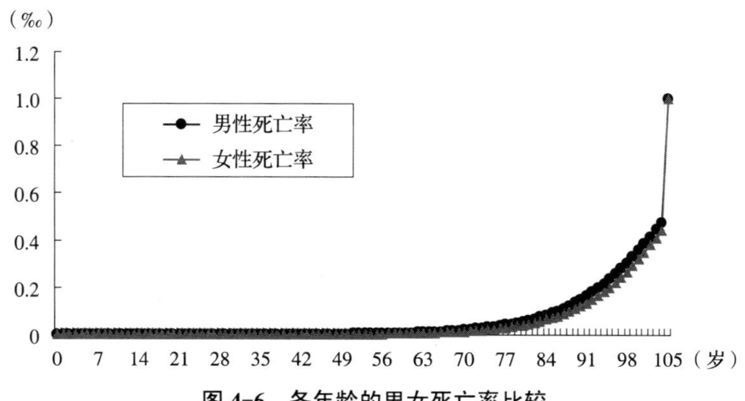

图 4-6　各年龄的男女死亡率比较

（四）北京市农村净迁入率预测

在不考虑迁移率的情况下，利用2000年人口普查数据，采用年龄推移的方法计算出2005年各年龄的人口占总人口的比例，即令式（4-5）、式（4-6）中的（NIR）$_{t,x}$假设为0。将2000年普查数据及前面得到的变量值代入式（4-3）、式（4-4）、式（4-5）、式（4-6）中得到2005年分年龄和性别的人口数。

然后用2005年抽样调查数据中的各年龄所占比例减去用年龄推移方法计算出的2005年各年龄的人口占总人口的比例，得到的结果即为各年龄五年内的净迁入率，求平均值即得到分年龄的年净迁入率。

通过计算得到年均净迁入率为-5.47‰，说明北京市农村人口存在大量外流的现象，迁出率大于迁入率。图4-7中，北京市农村之所以存在净迁入率为负值，只要是因为19~30岁的人口迁出远大于人口迁入，其中处于8~18岁和30~60岁的人迁入现象比较明显，远远大于迁出人口。出现这种现象的原因主要是因为19~30岁的大量农村劳动力为了更好地生活，倾向于迁移到城市，寻求更好的就业机会。

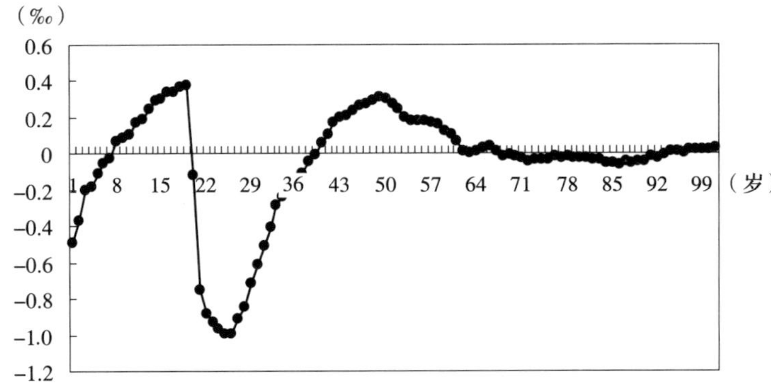

图4-7 2000~2005年北京市农村年均迁入率

资料来源：《北京市2000年人口普查资料》《2005年北京市1%人口抽样调查资料》。

同时，北京市由于其特殊的城市功能和众多的优势资源，对外来人口产生了巨大的拉动作用，一直是大量迁移人口进行学习、培训、务工、经商的目的地，但主要分布在城八区。随着北京市产业结构调整、经济布局的变动，城八区空间人口容纳能力逐渐趋于饱和，户籍制度的执行力度更加严厉，各方面发展较快的远郊县对于外来人口的吸引力越来越大。所以迁移到远郊区人数相比迁移到

城区人数会比较多，这些人主要集中在30~60岁之间，在工作上已经有了些许成绩，这部分人迁入到北京大部分是为了解决孩子上学问题，尤其是高考问题，这就使8~18岁的人口数量也保持着较高的净迁入水平。最终，形成了如图4-7所示形状的净迁入率。

四、北京市农村分年龄、性别人口数测算结果

利用上文中对北京市未来农村分年龄、分性别人口数进行测算的模型，以及各影响变量的预测和假设，把2000年北京市人口普查数据和各变量数据分别代入式（4-3）、式（4-4）、式（4-5）、式（4-6）中计算出2011~2025年的北京市农村分年龄、分性别人口数。

（一）北京市未来总人口有减少的趋势

总体上来看，如表4-5所示，北京市农村人口2011年为310.57万人，2025年为297.76万人，2011~2013年总人口数在不断增加，共增加了11633人，但增加速度明显减慢，2013年增加人数只有2011年增加人数的36%。从2014年开始，人口出现负增长，并且人口减少速度不断加快，下降速率从2014年的0.01%增长到了2025年的0.68%，11年间总人口减少了133964人，年均减少12179人。可见，农村人口的减少趋势非常大。

表4-5　2011~2025年北京市农村分性别、年龄人口数　　单位：人

年份	总计	男性	女性	净增加人数	增长率
2011	3105702	1603911	1501791	—	—
2012	3109724	1605327	1504397	4022	0.13%
2013	3111757	1605701	1506056	2033	0.07%
2014	3111532	1604888	1506643	-225	-0.01%
2015	3108896	1602813	1506083	-2636	-0.08%
2016	3103979	1599542	1504437	-4916	-0.16%
2017	3097015	1595198	1501817	-6964	-0.22%
2018	3088131	1589843	1498287	-8884	-0.29%

续表

年份	总计	男性	女性	净增加人数	增长率
2019	3077437	1583540	1493898	-10694	-0.35%
2020	3064975	1576308	1488667	-12462	-0.40%
2021	3050485	1568084	1482401	-14491	-0.47%
2022	3034565	1559041	1475523	-15920	-0.52%
2023	3017008	1549147	1467860	-17557	-0.58%
2024	2997966	1538469	1459497	-19042	-0.63%
2025	2977568	1527079	1450489	-20398	-0.68%

（二）北京市农村人口结构发生变化

通过比较 2000 年、2010 年、2020 年、2025 年北京市农村人口金字塔图，可以发现，2000 年到 2025 年北京市农村人口结构发生了巨大的变化。

2000~2010 年育龄妇女人口基数比较大，新生儿数量不断增加，如图 4-8 所示。但随着年龄的推移，育龄妇女人数逐渐减少，新生儿的数量也逐渐减少。由此出现了由 2010 年人口金字塔向 2020 年、2025 年人口金字塔转变的过程，如图 4-9、图 4-10 和图 4-11 所示。

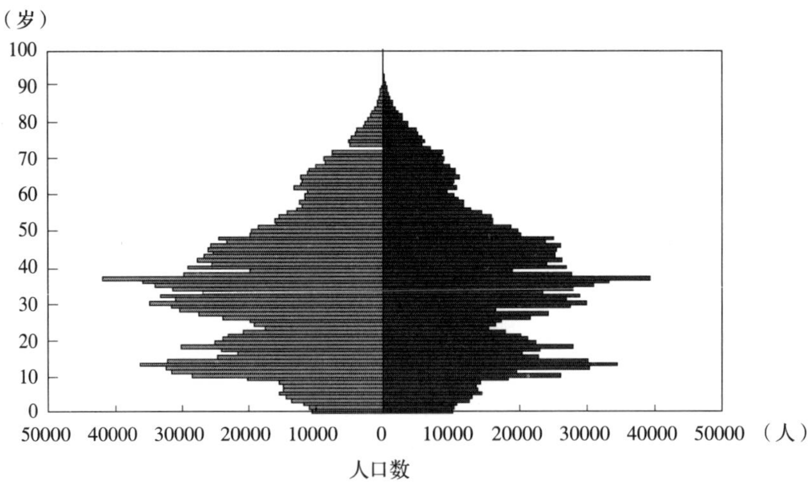

图 4-8 2000 年北京市农村人口年龄金字塔

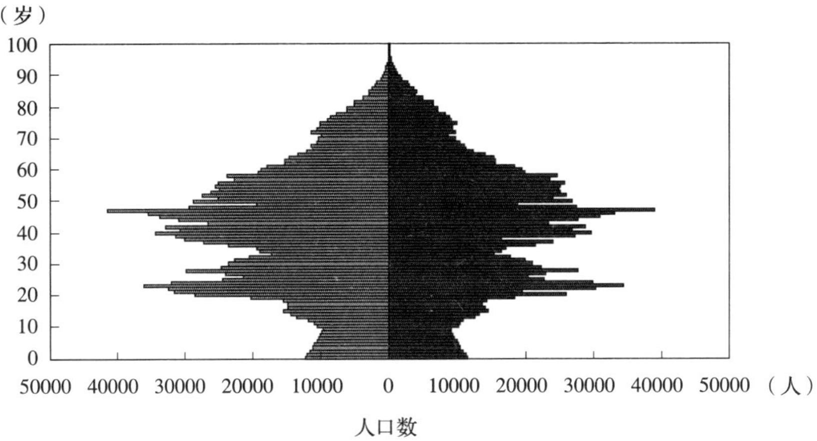

图 4-9　2010 年北京市农村人口年龄金字塔

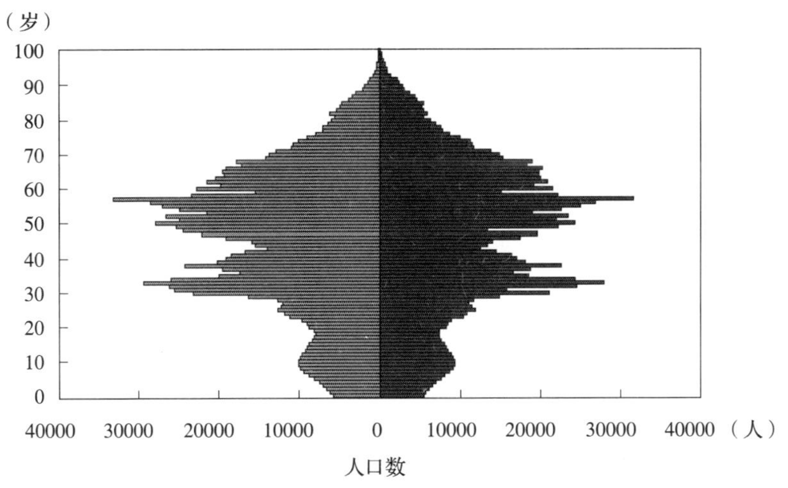

图 4-10　2020 年北京市农村人口年龄金字塔

从人口结构的变化上来看，随着时间的推移，人口重心在不断向上移动。2000 年人数最多的年龄是 37 岁，2010 年人数最多的是 47 岁，2020 年人数最多的是 57 岁，2025 年人数最多的是 62 岁。同时，以前老年人口较少，而随着较年轻人口成为老年人，老年人口数量逐渐变大。

同时，观察 2000 年、2010 年、2020 年、2025 年北京市农村人口年龄的金字塔图可以发现，未来北京市的农村老年人口具有两个高峰，正如前文的分析，

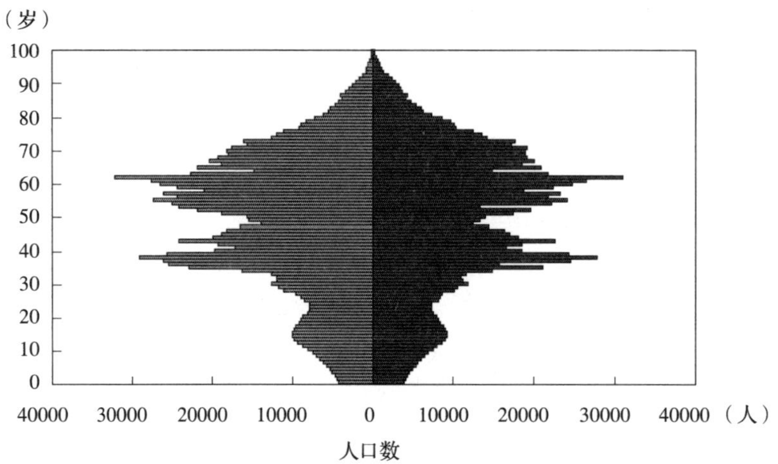

图 4-11　2025 年北京市农村人口年龄金字塔

到 2020 年，60 岁左右的人口比重达到最大之后，随着这部分人年龄逐步增大，政府的养老负担会比较重，能够比较合理地调整养老政策是一个关键。但那时，北京市农村还存在人口比重较多的年轻劳动力，人均年龄在 30 岁左右，可以承担一定的养老责任。

但是我国计划生育政策深入人心，现在的育龄妇女的人均育儿数明显减少，这就导致以后的人口数不断减少。到 2050 年，在 2020 年 30 岁左右的年轻劳动力达到 60 岁时，北京市农村人口结构将会出现倒三角的形式。到那时，政府和子女的养老负担会更重。因此在第二个老年人口高峰到来之前调整好养老保险政策显得尤为重要。

（三）北京市农村老年人口比重不断增加

北京市农村人口规模呈现减少的趋势，但老年人口数量不减反而不断增加，占总人口比重也增加得非常快。表 4-6 中，男性 60 岁和女性 55 岁及以上老年人口数，随着时间的推移都在不断地增加，并且女性老年人口明显高于男性，这主要包括两部分的原因：一是由于目前女性的退休年龄比男性提前 5 岁，而这 5 岁之间的老年人口又相对较多。二是经有关研究发现，女性寿命要比男性人均寿命长，这也是导致女性人口多的一个原因。

同时，老年人口占总人口比重也在不断增加，如表 4-6 所示，老年人口比重占总人口的 18.5%，但到 2025 年该比例已经增加到 31.8%，年均增长 0.95 个百分点。到2025年，31.8%的老年人口比重说明，北京市农村1/3的人口已经是老年人口，可见养老负担非常重。

在北京市农村老年人口不断增加、劳动力人口不断减少的趋势下，北京市农村老年抚养比迅速上升。从表4-6可以看出，老年抚养比从2011年的34.1%增加到2025年的74.0%，年均增长率为2.8个百分点。这意味着，从2011~2025年，每100个劳动力负担的老年人口数每年增加2.8人；到2025年，北京市农村平均100个劳动力就要负担74个老年人的养老问题。

表4-6 2011~2025年北京市分性别老年人口数 单位：人

年份	总人口	男60岁及以上	女55岁及以上	男60岁，女55岁及以上合计	老年人口占总人口比重（%）	老年抚养比（%）
2011	3105702	231042	344917	575959	18.5	34.1
2012	3109724	243387	359145	602532	19.4	36.1
2013	3111757	254402	373824	628227	20.2	38.1
2014	3111532	266898	386393	653291	21.0	40.2
2015	3108896	279298	400932	680230	21.9	42.6
2016	3103979	290704	408577	699281	22.5	44.3
2017	3097015	302747	422939	725685	23.4	46.9
2018	3088131	348674	446334	795008	25.7	52.8
2019	3077437	325478	464465	789943	25.7	53.6
2020	3064975	338270	480449	818720	26.7	56.9
2021	3050485	343207	493556	836764	27.4	59.1
2022	3034565	355639	502728	858367	28.3	61.8
2023	3017008	377120	515840	892960	29.6	66.2
2024	2997966	393361	527050	920410	30.7	70.0
2025	2977568	407743	540234	947977	31.8	74.0

五、小结

本节利用人口精算学年龄推移的方法建立了分性别的人口测算模型，通过对各因素的假设预测出2011~2025年北京市农村分性别、年龄的人口数。因为该模型严格按照普查数据计算得到，具有较高的预测精度，为后面模型测算打下了很好的数据基础。

通过对未来人口测算结果的分析可知，随着北京市城市化进程的稳步推进，从 2014 年开始北京市农村人口开始逐步减少，然而在总人口数减少的同时，老年人口数却不断增加，到 2025 年已经达到总人口的 1/3，可见老龄化速度非常快。同时，从北京市农村人口结构图可以看出，2020 年达到老年人口高峰后，2050 年还将有一次人口高峰，因此在这段时期内逐步调整新农保政策，形成有效的制度运行模式，形成充足的养老保险基金，对于社会经济的稳定都非常重要。

下文就通过分别建立北京市农村养老保险的收入和支出测算模型，对北京市农村未来养老保险的收支进行测算，根据各因素的影响程度，对未来农村养老保险的收支标准进行政策模拟，得到最优政策标准，提出未来农村养老保险的调整建议。

第五节　北京市农村社会养老保险金收入测算

目前，北京市农村养老保险收入主要来源于两部分，一是农村居民养老保险个人账户的积累，二是个人账户基金总额的收益。所谓个人账户，就是参保人通过缴费进行个人基金的积累，到达领取年龄后按积累总额的一定比例领取养老金，参保人所缴金额（包括利息）等于参保人领取时总的所得。

一、北京市农村居民分为“老人”“中人”和“新人”

2008 年北京市新型农村养老保险制度的实施，大大促进了北京市农村居民参保的积极性，而这些居民可分为“老人”“中人”和“新人”三类。

“老人”是指在 2008 年新农保实施时未参加过农村养老保险，已达到领取年龄的农村居民，可以按月领取福利养老金。

“中人”是指在 2008 年新农保实施时未参加过农村养老保险，但尚未达到领取年龄的男性 45~59 岁、女性 40~54 岁的农村居民，由于新农保政策的吸引，他们会选择在还没有达到退休年龄之前参加农村社会养老保险，达到领取年龄但未

交足 15 年的，在达到领取年龄时趸交其余费用。同年领取个人账户积累额和基础养老金。

“新人”是指在 2008 年新农保实施时已经参加农村养老保险，未达到领取年龄，或者即使没有新农保政策仍会参加农村养老保险的居民。这部分人在达到领取年龄时均已经交费达到 15 年以上。

由于新农保的特殊性，为了建立养老保险的收入和支出模型，需要对新农保的各类人群进行假设，假设如下：

第一，由于“中人”参加养老保险是因为他们意识到参保得到的福利待遇要远远大于不参保。因此假设“中人”的参保方式是：从 2008 年参加社会养老保险，开始交养老保险金，到了退休年龄按照最低缴费标准交足满 15 年的养老保险金，达到退休年龄未缴足 15 年的，在达到退休年龄时一次补足差额。虽然相关规定可以延长 5 年进行缴费，但由于这样的话他们会少获得 5 年的养老金待遇，所以他们更倾向在达到领取年龄的前一年一次性补足差额年限费用，因此假设不延长缴费。

第二，假设“中人”趸交时缴费数额为北京市规定的最低缴费标准。即上一年度北京市农村居民人均纯收入的 10%。

第三，假设只有在 2008 年 40~54 岁的女性、45~59 岁的男性才有资格加入到“中人”行列中。“对于没有达到缴费年限只要一次性补足”的规定，是北京市政府为了照顾缴费年限少，但是已经快要达到领取年龄的老年人，所以这一规定不可能长期执行。因此，“中人”只针对在 2008 年 40~54 岁的女性、45~59 岁的男性，对于在以后时间，加入到“中人”的参保人员是无效的。

受到新农保政策吸引，在 2008 年女性未满 40 岁，男性未满 45 岁的人的一部分人，由于缴费年限不得间断，他们会选择最初的时候不参加社会养老保险，等到 40 岁或 45 岁的时候开始交 15 年的保险费。这样就能在达到领取年龄的时候交够了规定年限的养老金，就可以领取基础养老金及自己账户的养老金，但这样的人属于“新人”行列，不属于“中人”。

第四，假设农村居民达到领取年龄后，在每年的年初一次性领取全年的养老金。参保居民的缴费方式也是在年初缴清全年费用。

通过上面的分析可知，北京市新农保的养老保险的收入主要来自“新人”

和“中人”，但两者又有所不同，所以下面分别进行分析。

第五，由于目前新农保政策刚刚实施，集体对个人账户的补贴标准还没有确定。所以，在下面的计算中假设集体补助数额直接计算为农村居民的个人缴费中。

第六，根据北京市新农保规定，农村参保人员只有在缴费年限和视同缴费年限累计满 15 年后，达到退休年龄后才能获得由基础养老金和个人账户养老金组成的养老金收入。但这里假设的“新人”和“中人”在达到领取年龄时都能够交足 15 年，或者达到领取年龄时一次性交足。

二、“新人”养老保险金收入测算模型

测算“新人”养老保险金收入主要通过测算“新人”的缴费人数和每年的人均缴费额。

（一）“新人”缴费人数测算模型

农村养老保险有关规定指出，凡男年满 16 周岁未满 60 周岁、女年满 16 周岁未满 55 周岁的本市农村居民，均可参加北京市农村社会养老保险。但这其中不包括纳入行政事业单位编制管理，参加了北京市城镇基本养老保险的居民及在校学生。因此，测算出具有参加农村社会养老保险资格的适龄劳动人数和参保率，二者的乘积即是“新人”缴费人数。

令 $(LP)_t$ 表示在 t 年适龄劳动人数，$P^m_{t,x}$ 和 $P^f_{t,x}$ 分别表示在 t 年 x 岁的男性和女性人数，用 $(GPR)_t$ 表示农村居民中达到参保年龄，但不具备参加农保资格的居民（包括参加基本养老保险、纳入行政事业单位编制管理的适龄劳动人数，以及在校学生等）占农村总的适龄劳动人数的比率，$(QIP)_t$ 表示 t 年具有参加农村社会养老保险资格的适龄劳动人数，则有：

$$(QIP)_t = (LP)_t \times [1-(GPR)_t] = (\sum_{x=16}^{59} P^m_{t,x} + \sum_{x=16}^{54} P^f_{t,x}) \times [1-(GPR)_t] \tag{4-7}$$

根据“新人”定义可知，2008 年以前的参保率数据均为“新人”的参保率，2008 年及以后的参保率则包括“新人”参保率和“中人”参保率。令 $(NR)_t$ 表示在 t 年“新人”的参保率。通过北京市农村具有参加社会养老保险的人数与参保覆盖率的乘积就可以得到农村“新人”的参保人数。令 $(NR)_t$ 表示在 t 年“新

人”的参保人数，则有：

$$(NP)_t = (QIP)_t \times (NR)_t = (\sum_{x=16}^{59} P_{t,x}^{m} + \sum_{x=16}^{54} P_{t,x}^{f}) \times [1 - (GPR)_t] \times (NR)_t \quad (4\text{-}8)$$

（二）“新人”养老保险人均缴费标准测算模型

通过上面的模型可以得到“新人”的缴费人数，要想计算“新人”总的缴费额，还需要知道农村参保居民的人均缴费水平，考虑到与城镇居民基本养老保险的接轨，提出缴费率的概念，来表示农村居民的新农保的缴费水平。

缴费率是指新农保参保人的个人缴费额占本地区上一年农村居民人均纯收入的比例。缴费率的高低直接影响了养老保险收入的多少，而缴费率的高低与当地居民的收入水平、居民对养老保险的依赖程度等都有密切的关系。

假设北京市农村人均纯收入为（AI）$_t$，缴费率为 C_t，则二者乘积就是农村居民养老保险人均缴费额。未来测算未来各年的农村养老保险收入，需要知道未来各年北京市农村居民的人均纯收入的多少，下面对人均纯收入进行分析。

新农保“新人”的收入测算模型要以农村居民的人均纯收入为基础，为了预测未来的“新人”的保险收入，下面以 1978~2011 年农村人均纯收入为基础，对未来十几年数据进行预测。

表 4-7　1978~2011 年北京市农村人均纯收入

年份	人均纯收入（元）	增长率（%）	年份	人均纯收入（元）	增长率（%）
1978	224.80	—	1995	3208.49	32.5
1979	249.99	11.2	1996	3562.73	11.0
1980	308.14	23.3	1997	3762.37	5.6
1981	361.40	17.3	1998	4028.86	7.1
1982	430.20	19.0	1999	4316.40	7.1
1983	519.50	20.8	2000	4687.00	8.6
1984	664.20	27.9	2001	5274.30	12.5
1985	775.10	16.7	2002	5880.11	11.5
1986	823.06	6.2	2003	6496.30	10.5
1987	916.38	11.3	2004	7172.10	10.4

续表

年份	人均纯收入（元）	增长率（%）	年份	人均纯收入（元）	增长率（%）
1988	1062.61	16.0	2005	7860.00	9.6
1989	1230.65	15.8	2006	8620.00	9.7
1990	1297.09	5.4	2007	9559.00	10.9
1991	1422.28	9.7	2008	10747.00	12.4
1992	1568.84	10.3	2009	11986.00	11.5
1993	1854.75	18.2	2010	13262.00	10.6
1994	2422.11	30.6	2011	14736.00	11.1

资料来源：《2011 年北京市统计年鉴》。

从表 4-7 中可以看出，从 1978~2011 年，北京市农村居民的年人均纯收入从 1978 年的 224.8 元增加到 2011 年的 14736.0 元，17 年间增加了 65 倍，这样快速的增长速度主要得益于北京市经济的快速发展，以及北京市对农村投入的倾斜、城镇化加速等。

从图 4-12 中可以看出，虽然从 1978~2011 年北京市农村人均纯收入增长迅速，但增长率变化不大，尤其是 2000 年以后，变化趋于稳定，基本都在 10% 左右。利用表 4-7 中数据对北京市农村居民人均纯收入建立时间序列趋势预测模型，预测未来人均纯收入。

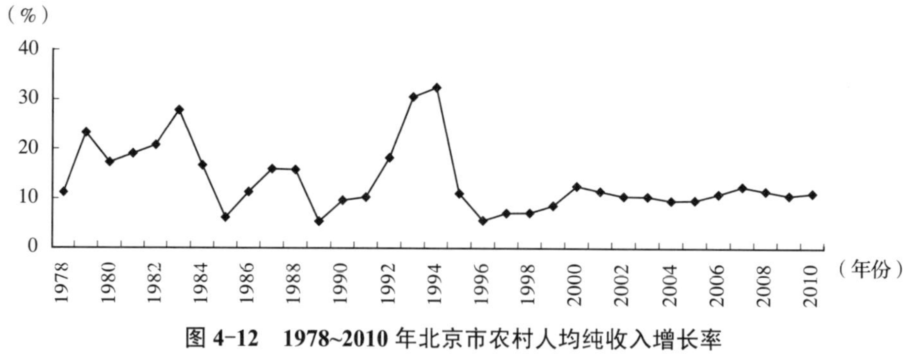

图 4-12　1978~2010 年北京市农村人均纯收入增长率

通过 Eviews 软件对北京市农村人均纯收入（AI）进行时间趋势模型的拟合，经过多次拟合，发现四次趋势拟合效果最好，真实图与预测值的对比效果如图 4-13 所示。

通过图 4–13 可以看出拟合效果很好，拟合值和真实值相差数值非常小，因此建立北京市农村居民人均纯收入时间趋势预测模型为：

$$(AI)_t = 472.13 - 131.96(t-1977) + 25.64(t-1977)^2 - (t-1977)^3 + 0.02(t-1977)^4$$

$$(2.36)\quad(-1.72)\quad(2.93)\quad(-2.68)\quad(4.00)$$

$$R^2 = 0.999\qquad \overline{R}^2 = 0.998\qquad F = 3756.00$$

通过观察各项检测指标能够发现，模型的拟合效果非常好，能够用该模型进行长期的预测。把时间 t 的值代入就能够求出未来各年农村居民人均纯收入的值。

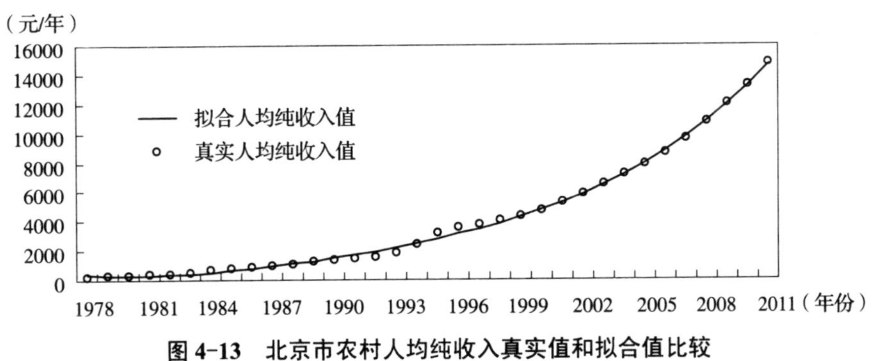

图 4–13　北京市农村人均纯收入真实值和拟合值比较

（三）“新人”养老保险收入测算模型

前面已经算出“新人”的缴费人数和人均缴费额，理论上缴费人数和人均缴费额的乘积就是“新人”养老保险收入，但实际上，他们参保的缴费年限和是否按时缴费也会影响到收入的多少。大部分参保居民并不是从 16 岁开始缴费，一直缴费到领取年龄，或参保后中间可能存在漏缴或者甚至退保现象，这些都会影响到总收入的标准，这里假设这些因素都属于收缴率问题，在收缴率中体现。

因此，假设第 t 年“新人”养老保险收入为 $(NI)_t$，收缴率为 D_t，则有

$$(NI)_t = (NP)_t \times (AI)_t \times C_t \times D_t \tag{4-9}$$

（四）“新人”收入模型数据基础和参数假设

农村总人口中，由于存在一部分适龄劳动力人口纳入了事业单位编制管理、参加了基本养老保险，或者是在校学生，这部分人不具备参加新农保的资格，剩余农村居民构成参加农村养老保险的群体。这部分人中的很大一部分可能长期居住在城镇，最终会由于工作或者学习等原因由农业户口转为非农业户口，这部分

人在农村所占的比例较小。因此，假设不具备参加新农保的农村居民占适龄劳动人口的比例（GPR）$_t$ 为 5%，即农村 16~59 岁男性和 16~54 岁女性中 95% 的人口构成了北京市新农保人口的测算基础。

北京市在 2008 年实施新农保政策之前，农村居民参加农村养老保险的积极性并不高，受传统观念的影响，在他们看来，子女抚养一直是他们最好的养老方式，而参加养老保险一直不受人们的重视。因此，也就造成了农村养老保险覆盖率低的现象。截止到 2007 年底，农村养老保险的覆盖率一直未突破 40%，而在 2008 年新农保实施后，参保率的迅速提高主要得益于“中人”的参保人数的增加，但从长远看，新农保优惠政策的实施也会使“新人”的覆盖率提高很多。假设从 2008 年开始，未来潜在老人参保率每年比上年增加 3%，即存在

$$(NR)_t=(NR)_{2007}+(t-2007)\times 3\%。$$

目前，根据北京市农村实际情况，假设个人缴费率 C_t 为 15%，即对于农村参保居民，每年他们人均纯收入的 15% 用于缴纳养老保险费用。在实际缴费过程中存在缴费出现间断、漏缴，或者达到缴费年限停止缴费等现象，假设收缴率 D_t 为 85%。

三、“中人”养老保险金收入测算模型

根据对“中人”的分析可以知道，“中人”主要是新农保政策实施过程中的一个过渡人口，在 2023 年全部“中人”达到退休年龄后，养老保险收入来源只有“新人”的收入。

通过对“中人”的假设和定义可知，在 2009~2023 年每年都会存在即将领取养老金，但是尚未交够年限的老年人，这样就会有一部分人为获得的养老金收入而出现趸交现象。比如，在 2008 年 59 岁的“中人”，为了到 2009 年能够按照参保人员的标准领取养老金，他们会 2009 年初按照 2008 年农村居民人均纯收入 10% 的标准一次性补足 14 年的费用。这样在 2009 年的养老金收入中就需要加上这部分收入。同理在 2010 年的收入中还需要加入在 2008 年 58 岁男性按照 2009 年农村居民人均纯收入 10% 的标准一次性补足 13 年的费用。以此类推，直到 2022 年年初，最后一部分人交清需要一次性补足的养老金，从 2023 年则不存在这种情况。

因此，在2023年之前北京市农村的养老保险“中人”的收入包括两部分：一部分是年初缴费，另一部分是趸交收入。下面建立相应的收入模型。

（一）“中人”缴费人数测算模型

基于对“中人”的假设可以知道，40~54女性和45~59岁的农村参加社会养老保险的人$(QIP)_t$，减去同龄“新人”$(NP)_t$，即构成“中人”的人口基数。令$(MR)_t$表示t年“中人”参加养老保险参保率，即“中人”的参保人数除以该年龄段达到参保资格人口数。令$(MP)_t$表示t年“中人”的参保人数，则有：

$$(MP)_t = \left(\sum_{x=45}^{59} P_{t,x}^{m} + \sum_{x=40}^{54} P_{t,x}^{f}\right) \times [1 - (GPR)_t] \times (MR)_t \quad (4\text{-}10)$$

（二）“中人”养老保险收入测算模型

通过前面的分析知道，在2023年以前，“中人”的养老保险收入分为两部分：一是尚未达到退休年龄的“新人”每年缴纳养老保险费，用$(MI)_t^1$表示；二是恰好达到退休年龄，养老保险金尚未缴足15年的“新人”，在年初趸交的收入，用$(MI)_t^2$表示。假设t年“中人”的养老保险收入为$(MI)_t$，未达到领取年龄的“中人”的缴费率为$(MC)_t^1$、收缴率为$(MD)_t^1$，而达到退休年龄趸交时的缴费率为$(MC)_t^2$，收缴率为$(MD)_t^2$。则“中人”养老保险的收入中$(MI)_t^1$、$(MI)_t^2$分别为：

$$(MI)_t^1 = (MP)_t \times (AI)_t \times (MC)_t^1 \times (MD)_t^1 \quad (4\text{-}11)$$

$$\begin{aligned}(MI)_t^2 = & [(MP)_{2008,60-(t-2008)}^{m} + (MP)_{2008,55-(t-2008)}^{f}] \times (AI)_t \times (MC)_t^2 \\ & \times (MD)_t^2 \times (2023 - t)\end{aligned} \quad (4\text{-}12)$$

因此，测算出未来“中人”的收入测算模型为：

$$(MI)_t = \begin{cases} (MI)_t^1 + (MI)_t^2, & t \in [2009,\ 2022] \\ 0, & t \in (2022,\ +\infty) \end{cases}$$

$$= \begin{cases} (MP)_t \times (AI)_t \times (MC)_t^1 \times (MD)_t^1 + [(MP)_{2008,60-(t-2008)}^{m} \\ + (MP)_{2008,55-(t-2008)}^{f}] \times (AI)_t \times (MC)_t^2 \times (MD)_t^2 \times (2023 - t) & t \in [2009,2022] \\ 0, & t \in (2022,\ +\infty) \end{cases} \quad (4\text{-}13)$$

（三）“中人”收入模型数据基础和参数假设

在计算“中人”参保率的时候，由于“中人”和潜在“老人”参保率计算的人口基数不同，所以实际的参保率并不直接等于二者直接相加。根据“中人”和潜在“老人”分类标准知道，“中人”的人口基数包含在潜在“老人”中，如果 $(IR)_t$ 表示 t 年农村居民参加养老保险的实际覆盖率，则它与“新人”“中人”参保率存在的关系为：

$$(IR)_t = (NR)_t + (MR)_t \times \alpha \tag{4-14}$$

$$\left(\text{其中 } \alpha = \frac{\text{“潜在新人”人口基数}}{\text{“潜在老人”人口基数}} = \frac{\sum_{x=44}^{59}(QIP)_{t,x}^{m} + \sum_{x=39}^{54}(QIP)_{t,x}^{f}}{\sum_{x=16}^{59}(QIP)_{t,x}^{m} + \sum_{x=16}^{54}(QIP)_{t,x}^{f}}\right)$$

前面已经有参加新农保资格分性别、年龄人口数，“中人”模型就是建立在此基础上，由于“中人”参加新农保的主要原因是看好退休后参保与不参保之间的差距，因此他们的参保缴费率没有“新人”高，根据 2008~2011 年的缴费状况，缴费率 C_t 平均为 15%，假设以后年份这一比例不变。

由于“中人”参保的目的就是在达到退休年龄时能够领取基础养老金和个人账户累计基金，因此他们中间不会出现缴费间断或者退保的现象，因此，收缴率为 $(ND)_t^1$ 和 $(ND)_t^2$ 均为 100%。

根据目前的实际情况，由于实行弹性缴费方式，“中人”在趸交时，假设缴费标准为养老保险制度规定的最低缴费数，即缴费率 $(MC)_t^2$ 为上一年度农村居民人均纯收入的 10% 计算。把人口数据、农村人均纯收入数据代入公式中即求得“中人”的养老保险收入。

四、北京市农村养老保险总收入测算模型

前面两节已经分别建立了“新人”“中人”的养老保险收入模型，并把相关数据代入前式即可算出对应的养老保险收入，二者相加即为当年的养老保险总收入，令 $(TI)_t$ 表示 t 年北京市农村养老保险收入总额，因此可表示为：

$$(TI)_t = (NI)_t + (MI)_t \tag{4-15}$$

把相应的数据代入式（4-15）中，即可测算出未来各年北京市农村养老保险收入。

五、未来北京市农村养老金收入结果及分析

把前面数据代入到前面建立的时间趋势预测模型中，就可以测算出未来各年的农村人均纯收入值。在第四章测算的分年龄、性别人口数的数据基础上，把收入模型中各参数代入式（4–15）中，就能够测算出未来各年北京市农村的养老保险收入。下面进行具体分析：

表 4-8 2012~2025 年北京市农村人均纯收入的预测值及增长率

年份	预测纯收入（元）	增长率（%）	年份	预测纯收入（元）	增长率（%）
2012	16166	10.6	2019	31961	9.9
2013	17863	10.5	2020	35092	9.8
2014	19725	10.4	2021	38486	9.7
2015	21764	10.3	2022	42159	9.5
2016	23994	10.2	2023	46127	9.4
2017	26427	10.1	2024	50409	9.3
2018	29078	10.0	2025	55021	9.1

（一）北京市农村未来人均纯收入稳中有升

通过表 4–8 列示了未来各年北京市农村人均纯收入的测算值，可以看出，北京市农村居民每年人均纯收入额不断增加。从 2012 年的 16166 元增加到 2025 年的 55021 元，增长了 2.4 倍，14 年达到了几乎翻两番的水平，可见农民收入整体增长非常快。但是，农民纯收入的增长率出现逐年下降趋势，从 2012 年的 10.6% 下降到 2025 年的 9.1%，降低 1.5 个百分点。这也说明农村居民人均纯收入的变化趋于稳定。

（二）北京市农村养老保险缴费人口基数逐年减少

根据新农保规定，年满 16 周岁的适龄农村居民就可以参加北京市新农保，男性 60 岁、女性 55 岁可以领取养老金，在第四节人口测算基础上，可以得到北京市农村未来参加养老保险的人口基数，如表 4–9 所示。

从表 4–9 中可以看出，无论是“新人”还是“中人”的参保人口基数都在 2013 年后开始减少，参保人数从 2011 年的 147.6 万人减少到 2025 年的 121.7 万人，14 年间减少了 25.9 万人，并且减少速度有加快的趋势。

表 4-9　2011~2025 年北京市农村养老保险参保人口基数测算值　　单位：万人

年份	“新人”人口基数（万人）	“中人”口基数（万人）	参保人数（万人）	增加人数（万人）	增长率（%）
2011	160.4	68.4	147.6	—	—
2012	158.6	67.8	149.1	1.5	0.99
2013	156.6	68.4	150.4	1.3	0.88
2014	154.4	68.5	151.3	0.9	0.62
2015	151.8	68.4	151.8	0.5	0.33
2016	149.9	68.6	149.9	-2.0	-1.28
2017	147.0	67.9	147.0	-2.9	-1.91
2018	143.2	66.0	143.2	-3.9	-2.62
2019	140.0	64.8	140.0	-3.2	-2.22
2020	136.7	63.1	136.7	-3.3	-2.33
2021	134.5	62.5	134.5	-2.2	-1.62
2022	131.9	61.8	131.9	-2.6	-1.92
2023	128.1	59.6	128.1	-3.8	-2.91
2024	124.9	58.0	124.9	-3.2	-2.48
2025	121.7	56.6	121.7	-3.2	-2.56

可见，在北京市农村人口减少的同时，养老保险收入的人口基数也在加快减少速度。下面在缴费人口基础上，观察养老保险收入的多少。

（三）北京市农村养老保险收入呈下降趋势

表 4-10 是北京市未来各年的农村养老保险收入测算值，可以看出，2011 年北京市农村有 24 亿元的养老金收入，到 2025 年已经增加到 73.1 亿元，增长了近三倍多。十五年“新人”收入累计达 530.9 亿元，“中人”收入累计达 173.1 亿元，总计 704.0 亿元。可见，养老金收入数额还是非常大的。

同时，在 2023 年以前，养老保险的收入是不断增加的，但是增长速度逐年下降，说明随着时间的推移，缴费人口基础的不断下降，收入会逐年减少。

表 4-10　2011~2025 年北京市农村养老保险收入测算值　　单位：万元

年份	新人收入	中人收入	总收入	增加额	增长率（%）
2011	126668	113389	240058	—	—
2012	147082	123929	271011	30953	12.89
2013	169981	129485	299466	28455	10.50
2014	195293	135114	330407	30941	10.33
2015	223031	143412	366442	36035	10.91
2016	254853	135603	390456	24014	6.55
2017	288449	144204	432653	42197	10.81
2018	323116	150084	473200	40547	9.37
2019	362357	135162	497520	24319	5.14
2020	404790	126018	530808	33288	6.69
2021	454204	107720	561924	31116	5.86
2022	506774	94682	601455	39531	7.03
2023	558275	73898	632173	30718	5.11
2024	616229	64658	680887	48714	7.71
2025	678005	53328	731333	50446	7.41
合计	5309107	1730686	7039793	—	—

虽然从北京市农村养老保险收入测算结果可以看出未来养老保险金的积累数额巨大，但是随着缴费人数的减少，以及领取人数的增多，养老金收入能否持续大于支出是未知的，需要进一步测算支出数额，这将在第六节进行测算。

六、小结

本节根据北京市新农保制度内容，把北京市农村居民分为“老人”“中人”和“新人”，而养老金的收入主要来自“新人”和“中人”。第二部分和第三部分即分别建立了“新人”和“中人”的收入模型，并对其有关的影响因素（缴费率、收缴率、人均纯收入、覆盖率等）分别进行了预测和假设，最终得到了北京市农村养老保险收入模型，见式（4-15）。该模型是根据北京市新农保政策内容的实际情况，利用保险精算方法同时在借鉴众多学者的研究基础之上建立的模型，在北京市不断完善农保制度过程中具有很高的参考价值。

通过测算结果可知，北京市农村居民参加养老保险的人口基数在不断下降，而在“十二五”期末已经达到农村养老保险全覆盖，这使收入增加的速度较少，养老保险金增加的动力减少，甚至在2023年出现养老保险金收入减少的情况。虽然2011~2025年15年间养老保险金积累达到704.0亿元，但长期来看，随着人口老龄化速度加快，老年人口也越来越多，支出也就越来越多，收入能否满足支出的需求还是个未知数。

因此，为了精确分析未来农村养老保险的收支平衡情况，下面建立北京市农村居民的养老保险支出模型，并测算未来各年的支出值。

第六节　北京市农村养老金支出测算

根据北京市农村的新农保政策，养老保险的支出主要包括两部分：一是参加北京市农村社会养老保险的“新人”和“中人”的养老金支出，这部分支出包括基础养老金和个人账户养老金；二是对北京市农村达到退休年龄、未参加过养老保险的“老人”支出的福利养老金。

由于北京市农村达到退休年龄的老年人口中参加城镇职工基本养老保险的人数非常少，所以假设目前北京市农村所有达到领取年龄的居民由“新人”“中人”和“老人”的领取人口构成。而“新人”和“中人”的养老金支出标准相同，建立养老保险支出模型时一起计算。下面分别建立“新人”“中人”和“老人”的支出模型。

一、北京市农村“新人”和“中人”支出模型

“新人”和“中人”的养老金支出由个人账户支出和基础养老金构成，为了测算未来各年参保老年人的养老保险支出，需要分别测算“新人”和“中人”的支出人口数、个人账户人均支出标准和基础养老金的支出标准。下面分别进行分析。

（一）北京市农村“新人”“中人”领取人数测算模型

在第四节测算的北京市农村未来各年分年龄、性别人口数的基础上，令 $(NMP)_t$ 表示第 t 年“新人”和“中人”领取养老金人数，$(NMR)_t$ 表示第 t 年“新人”和“中人”人口占所有达到领取年龄人口数的比例，则第 t 年“新人”和“中人”领取养老金人数的人口数为：

$$(NMP)_t = \left(\sum_{x=60}^{\infty} P_{t,x}^{m} + \sum_{x=55}^{\infty} P_{t,x}^{f}\right) \times (NMR)_t \tag{4-16}$$

（二）个人账户养老金发放标准模型建立

根据北京市新农保规定，只要是未参加基本养老保险的农村居民，年龄满 16 岁（不含在校学生），男未满 60 岁、女未满 55 周岁的农村居民均可自愿参加“新农保”。因此，男 59 岁、女 54 岁是缴费期末年，男 60 岁、女 55 岁是给付期第一年。假定缴费时间在每年年初，缴费期和给付期利率相同。

假设 P_n 为居民 n 岁时个人账户年缴费金额，n 为农村居民参保年龄，g 为个人账户个人缴费和政府补贴的年增长率，i 为个人账户养老金的收益率，m 为预计的参保农民个人账户养老金平均计发年限，v 为年贴现因子$\left(v=\frac{1}{1+i}\right)$。

则根据年金理论，各年缴费金额在缴费期末的积累总额（以男性居民退休年龄为 60 岁为例）分别是：缴费期第一年初所缴费用到给付期第一年年初的累计金额为：$P_n(1+r)^{60-n}$；缴费期第二年初所缴费用到给付期第一年年初的累计金额为：$P_n(1+g)(1+r)^{60-n-1}$；缴费期最后一年年初所缴费用到给付期第一年年初的累计金额为：$P_n(1+g)^{60-n-1}(1+r)$；因此参保农村居民开始领取养老金时个人账户的基金积累 M 总额为：

$$M = P_n \sum_{i=1}^{60-n} \left[(1+g)^{i-1}(1+r)^{60-n-i+1}\right] \tag{4-17}$$

给付期内的各年个人账户养老金给付金额在给付期初的现值是：给付期第 1 年，养老金给付金额的现值为 B；给付期第 2 年，养老金给付金额的现值为 Bv；给付期第 m 年养老金给付金额的现值为 Bv^{m-1}；令 N 表示参保人在给付期初的未来给付精算现值，则：

$$N = B\sum_{j=0}^{m-1} v^j = B\sum_{j=0}^{m-1} \frac{1}{(1+i)^j} \tag{4-18}$$

依据保险精算平衡原理，参保人缴费期积累总额等于给付期领取总额现值，令 M=N。则有

$$B=\frac{P\sum_{i=1}^{60-n}\left[(1+g)^{i-1}(1+r)^{60-n-i+1}\right]}{\sum_{j=0}^{m-1}\frac{1}{(1+i)^{j}}} \tag{4-19}$$

将相关参数数值代入公式即可得到“新人”和“中人”每年个人账户养老保险的人均领取额。

（三）基础养老金标准调整模型

随着农村居民生活水平和物价水平的不断提高，2011 年北京市新农保的基础养老金从 2008 年规定的 280 元调整为 310 元，所以为了更准确地测算养老保险的支出水平，需要建立基础养老金标准的调整机制。

因此，参考上一年度的农村居民人均纯收入，建立增长模型，描述如下：以 2007 年人均纯收入为基期，表示为 Y_1，从 2008 年开始，则以后年份的人均纯收入与 Y_1 比较，当增长率大于或等于 φ 时，则令下一年的人均纯收入为 Y_2，并以此为基期，同时调整第二年的基础养老金标准。再用以后年份的人均纯收入与 Y_2 比较，以此类推，生成序列 $\{Y_1, Y_2, \cdots\}$，同时也在不断调整基础养老金的标准。

如果第 t−1 年的人均纯收入 AI_{t-1} 比与其时间距离最近的 Y_i 增长率大于或等于 φ 时，则令 $Y_{i+1}=AI_t$，同时调整基础养老金支出标准，在原有基础上增加原来的 α 倍。如果第 t−1 年的人均纯收入 AI_{t-1} 比与他时间距离最近的 Y_i 增长率小于 φ 时，基础养老金则不调整。同理，依次类推可以求出以后各年的基础养老金调整标准。$(AC)_{J,t}$ 表示年均基础养老金支出标准，用公式表示为

$$(AC)_{J,t}=(AC)_{J,t-1}+\lambda\alpha(AC)_{J,t-1} \tag{4-20}$$

$$\text{其中,}\lambda=\begin{cases}1, & \frac{AI_{t-1}-Y_i}{Y_i}\geqslant\varphi \quad Y_i\text{是离}AI_{t-1}\text{最近,且比}AI_{t-1}\text{小的}AI, i=1,2,\cdots,i\\ 0 & \text{其他}\end{cases}$$

（四）北京市农村“新人”和“中人”的养老金支出测算模型

令（NMC）$_t$、$C_{J,t}$、$C_{P,t}$分别表示第t年“新人”和“中人”的养老保险金总支出、基础养老金支出和个人账户累计养老金支出，根据目前的养老金支出标准，可知（AJC）$_{2011}$=310×12=3720（元/人）。

根据式（4-16）、式（4-17）、式（4-18）可以得到“新人”和“中人”的养老保险金总支出为：

$$\begin{aligned}(NMC)_t &= C_{P,t} + C_{J,t} \\ &= [B_t + (AC)_{J,t}] \times (\sum_{x=60}^{\infty} P_{t,x}^m + \sum_{x=55}^{\infty} P_{t,x}^f) \times (NMR)_t\end{aligned} \quad (4\text{-}21)$$

根据建立的模型，把相关基础数据代入即可得到北京市农村未来各年“新人”和“中人”的养老保险金支出额。

二、北京市农村“老人”的养老金支出测算模型

根据《北京市城乡无社会保障老年居民养老办法》规定，对于达到退休年龄未参加养老保险的农村居民，即未参保的男60岁、女55岁及以上居民（即“老人”），政府每月给予福利养老金补助，现行福利养老金发放标准是每月230元，并根据农村居民的人均纯收入水平不断进行调整。而测算“老人”的养老保险支出额需要分别知道领取人数和发放标准，下面分别进行测算。

（一）北京市农村“老人”领取人数测算

由于式（4-16）已经得到“新人”“中人”的领取人数，前文已经计算出领取总人数，令（OP）$_t$为第t年“老人”的领取人数，有

$$(OP)_t = (\sum_{x=60}^{\infty} P_{t,x}^m + \sum_{x=55}^{\infty} P_{t,x}^f) \times [1 - (NMR)_t] \quad (4\text{-}22)$$

（二）北京市农村“老人”领取标准测算

根据前文对于基础养老金的测算模型进行调整，对福利养老金的调整也参照此方法。用（AC）$_{F,t}$表示第t年的农村居民福利养老金的发放标准。则有

$$(AC)_{F,t} = (AC)_{F,t-1} + \lambda\alpha\,(AC)_{F,t-1} \quad (4\text{-}23)$$

$$\text{其中},\lambda=\begin{cases}1, & \dfrac{AI_{t-1}-Y_i}{Y_i}\geqslant\varphi \quad Y_i\text{ 是离 }AI_{t-1}\text{最近},\text{且比 }AI_{t-1}\text{小的 }AI, i=1,2,\cdots,i\\ 0 & \text{其他}\end{cases}$$

（三）北京市农村“老人”支出模型

假设 $C_{F,t}$ 表示第 t 年福利养老金的支出，有：

$$C_{F,t}=\left(\sum_{x=60}^{\infty}P_{t,x}^{m}+\sum_{x=55}^{\infty}P_{t,x}^{f}\right)\times[1-(NMR)_t]\times(AC)_{F,t} \tag{4-24}$$

前文已经得到“新人”“中人”和“老人”的养老保险支出测算模型，下面主要对支出模型的一些参数进行假设，进而分析农村养老保险的支出负担。

三、北京市农村养老金支出测算模型参数假设

第四节人口精算模型中，已经得到北京市农村未来各年分年龄、性别人口数，因而可以得到未来各年男性 60 岁、女性 55 岁及以上人口数作为养老金支出测算模型的数据基础。

在新农保实施以前北京市农村居民的参保率保持比较低，同时，覆盖率比较稳定，从 2000 年的 25% 到 2007 年的 36.6%。因此，假设目前及近期的将来领取养老金的老年人口中曾经参加过养老保险的人数比例 $(NMR)_t$ 为 30%，随着大量参保人数的加大，该比例会不断增加，假设从 2008 年开始，领取养老金的老年人口中“新人”和“中人”占总领取人数的比例每年增加一个百分点。

同时 2008 年新农保政策的实施使农民的参保率大大增加，到 2010 年适龄劳动人口中参保覆盖率已经达到 92%，这其中包括即将进入领取养老金行列的“中人”，这种趋势还在不断地加大。同时，“十二五”规划中也指出，要全面提高农村居民的养老保险覆盖率，到 2015 年的目标是，北京市农村养老保险覆盖率实现 100%。可见，在领取养老保险金的老年人口中，参保人员的比例会越来越大，因此，我们假设在 2010 年基础上，$(NMR)_t$ 每年增加 2 个百分点。

在测算未来各年养老保险支出中，个人账户养老金支出是与个人账户养老基金的积累有关系，上面通过建立个人账户养老金收支精算模型，得出了未来各年个人账户养老金支出数额，其中对于农村居民人均纯收入的增长率 g，前

面已经通过利用历年的数据建立了时间趋势预测模型，得到各年的人均纯收入增长率，为了计算方便参照2001~2011年这10年北京市人均纯收入的平均值，$g=\sqrt[10]{14736/5274}-1=10.82\%$。根据“个人账户储存额目前每年参考中国人民银行公布的金融机构人民币一年期存款利率计息”的规定，个人账户养老金收益率i参照2007~2011年以来银行利息调整的相关数据的平均值，具体数值如表4-11所示，通过计算得i=2.95%。

表4-11 2007~2011年金融机构人民币一年期存款利率

调整时间	利率（%）	调整时间	利率（%）
2007.9.15	3.42	2010.10.20	2.20
2007.12.21	3.78	2010.12.26	2.50
2008.10.09	3.51	2011.02.09	2.80
2008.10.30	3.24	2011.04.06	3.25
2008.11.27	2.25	2011.07.07	3.50
2008.12.23	1.98	—	—

资料来源：中国人民银行网站。

根据卫生部部长陈竺在2011年“两会”称，北京市人均寿命已经达到80岁，按此计算的男性和女性的领取年数应该分别为20年和25年，在养老金收益率为2.95%的条件下，则男性的个人账户支出的计发系数应该为173，而女性的计发系数已经高达204。

但是，根据《新农保实施细则》规定，农村养老保险的个人账户男女均按照计发系数为139发放，即月领取养老金=12×个人账户累计额/139。为了研究目前的研究养老金发放标准，在计算支出是按照新农保规定计算。考虑到北京市农村人均寿命的不断增加，在第七章政策模拟部分将进行说明。

同时，参保年龄n的取值范围应该是16~59岁。有了上面对参数的假设，再根据历年农村居民人均缴费额，则可以计算出参保居民个人账户每年的领取金额。

对于基础养老金和福利养老金的调整模型。根据2008~2011年数据，参数α、φ分别取0.1和0.25，同时令福利养老金增长数额与基础养老金相同。则计算相关数据见表4-12。

表4-12　2011~2025年基础、福利养老金测算值　　单位：元/年，人

年份	2011	2012	2013	2014	2015	2016	2017	2018	2019	2020	2021	2022	2023	2024	2025
基础养老金	310	310	310	340	340	340	340	375	375	375	375	410	410	410	410
福利养老金	230	230	230	260	260	260	260	295	295	295	295	330	330	330	330

在此基础上，将相关的数据和假设代入表中就可以得到北京市农村未来各年的养老保险支出测算值。

四、北京市农村养老金支出测算结果及分析

在第五节测算的分年龄、性别人口数的数据基础上，把相关数据基础和假设条件代入支出模型中就能够测算出未来各年北京市农村的养老保险收入，下面进行具体分析：

（一）北京市农村未来领取人数不断增加

表4-13是利用人口精算模型得到，在现行领取年龄（男性60岁、女性55岁）条件下未来各年北京市农村的“新人”“中人”和“老人”的领取人数。从表中数据可以看出，“老人”的领取人数明显多于“新人”和“中人”，这主要是以前参加农村养老保险人数比较少造成的，新农保刚刚实施，参与者很大一部分都属于“老人”。

随着时间的推移，“新人”“中人”和“老人”领取人数都在增加，但是“新人”和“中人”增加的人数越来越多，2012年增加了1.5万人，到2025年当年就增加了2.3万人，累计增加25.5万人。而“老人”的领取人数在逐年增加的同时，每年增加的人数有所下降，从2012年的每年增加1.2万人到2025年的0.5万人，累计增加11.7万人。这也说明随着新农保政策的实施，越来越多的农村居民愿意参加农保，这样进入新农保领取人群中，参保人数越来越多，而未参保人数越来越少，最终“新人”和“中人”将取代“老人”。

表 4-13　2011~2025 年北京市农村领取养老保险人数测算　单位：万人

年份	新人、中人数	老人数	新人、中人增加数	老人增加数	领取总人数	增加总人数	增长率（%）
2011	19.0	38.6	—	—	57.6	—	—
2012	20.5	39.8	1.5	1.2	60.3	2.7	4.61
2013	22.0	40.8	1.5	1.1	62.8	2.6	4.26
2014	23.5	41.8	1.5	1.0	65.3	2.5	3.99
2015	25.2	42.9	1.7	1.0	68.0	2.7	4.12
2016	26.6	43.4	1.4	0.5	69.9	1.9	2.80
2017	28.3	44.3	1.7	0.9	72.6	2.6	3.78
2018	30.5	45.7	2.2	1.4	76.2	3.6	4.95
2019	32.4	46.6	1.9	0.9	79.0	2.8	3.72
2020	34.4	47.5	2.0	0.9	81.9	2.9	3.64
2021	36.0	47.7	1.6	0.2	83.7	1.8	2.20
2022	37.8	48.1	1.8	0.4	85.8	2.2	2.58
2023	40.2	49.1	2.4	1.0	89.3	3.5	4.03
2024	42.3	49.7	2.1	0.6	92.0	2.7	3.07
2025	44.6	50.2	2.3	0.5	94.8	2.8	3.00
合计	—	—	25.5	11.7	—	37.2	—

（二）北京市农村未来支出负担沉重

在北京市农村未来各年领取人口的基础上，得到未来各年的养老保险支出，随着时间的推移，支出总额在不断增加，从 2012 年增加 1.57 亿元到 2025 年当年就增加 6.02 亿元，增加额逐年上升，年均增加 9.57 个百分点。从 2011 年到 2025 年底，15 年支出总计为 652.51 亿元，可见政府的负担非常大。

另外，随着越来越多的“新人”和“中人”加入到领取行列中，个人账户的支出数额逐年增加，2011~2025 年 15 年需累计支出 215.25 亿元，而由于 2008 年以前，虽然个人账户有积累，但由于缴费数额低，并且部分用于支出，造成部分个人账户的空账，随着“新人”和“中人”领取人数越来越多，这就要求各区县必须做好财政预算，以防发生个人账户的支付危机，填补空账。

表 4-14　2011~2025 年北京市农村养老保险金支出测算值　　单位：万元

年份	新人、中人养老金支出		老人支出（福利养老金支出）	支出合计	增加额	增长率（%）
	个人账户支出	基础养老金支出				
2011	34728	70705	106506	211939	—	—
2012	41719	76208	109757	227685	15746	7.43
2013	49919	81795	112704	244418	16734	7.35
2014	59443	95955	130449	285848	41430	16.95
2015	70747	102688	133706	307140	21293	7.45
2016	82983	108416	135269	326669	19528	6.36
2017	98190	115471	138112	351773	25105	7.69
2018	117360	137089	161765	416214	64440	18.32
2019	138460	145744	164987	449192	32978	7.92
2020	162912	154738	168100	485749	36557	8.14
2021	188423	161914	168842	519179	33430	6.88
2022	212206	185819	190351	588377	69198	13.33
2023	255391	197701	194487	647579	59202	10.06
2024	296433	208307	196821	701561	53982	8.34
2025	343600	219210	198961	761772	60211	8.58
合计	2152516	2061762	2310818	6525096	—	—

（三）现行养老保险标准条件下，政府的财政压力计算

根据北京市新农保规定，政府对基础养老金和福利养老金进行补贴，根据已经建立的新农保收支测算模型，在现行养老保险标准下，政府未来几年的财政支出如图 4-14 所示。

从图 4-14 中可以看出，在现行农保标准下，北京市政府仅基础养老金和福利养老金支出逐年增加，尤其是新农保政策的吸引，随着越来越多参保人数达到领取年龄，基础养老金的支出逐渐超过福利养老金的支出。2011 年基础养老金

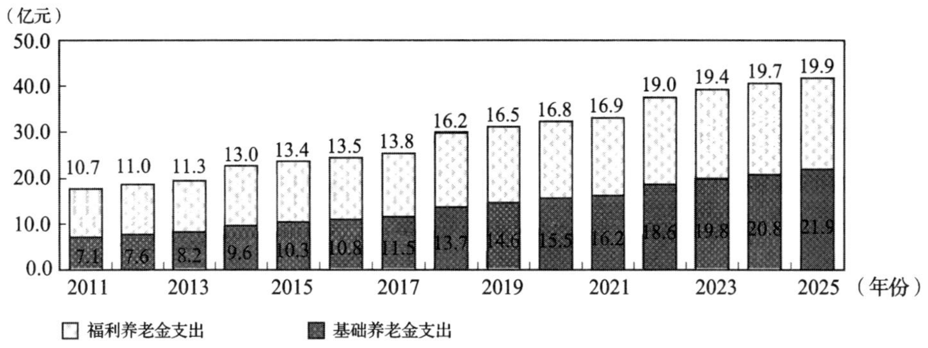

图 4-14　2011~2025 年政府对北京市农村养老保险支出负担

和福利养老金支出分别为 7.1 亿元和 10.7 亿元，到 2025 年分别增长到 21.9 亿元和 19.9 亿元，总计增加了 24 亿元，年均增长率分别为 8.42% 和 4.57%。2011~2025 年，14 年间仅基础养老金和福利养老金需要累计支出 437.3 亿元。随着北京市农村居民收入增加，支出标准也会增加，这样支出数额会更大。

五、小结

本节根据北京市新农保制度内容，分别建立了“新人”“中人”的个人账户支出模型，以及基础、福利养老金的调整模型，分别得到了“新人”“中人”和“老人”的支出测算模型，进而得到总的支出模型。支出模型严格按照北京市新农保内容建立，能够用来预测未来养老金的支出，对于农保制度的不断完善具有较强的参考价值。

根据本节的测算结果显示，目前农村养老保险个人账户计发系数偏低，但为了符合目前新农保的发放标准，按照现行计发标准计算。根据目前的退休年龄规定，利用第四章的人口测算模型测算出未来农村养老保险的领取人数，测算结果显示，领取人数从 2011 年的 57.6 万人增加到 2025 年的 94.8 万人，人口几乎翻了 1 倍，而随着老年人口越来越多，领取人数会不断地增加。在此基础上，养老金支出不断增加，总支出从 2011 年的 21.2 亿元增加到 2025 年的 76.2 亿元，几乎翻了两番，15 年需累计支出 652.5 亿元。巨大的养老金支出和不断增加的老年人口使政府承担着较大的支付压力，也对未来新农保的稳定性提出了挑战，政策的实时调整显得尤为必要。

那么，如何使农村养老保险金支出压力不断增加的同时，也使养老保险金收入增加，这样才不会造成政府的财政负担；政府应从哪些因素入手进行调节，才能保证新农保政策稳定持久，真正解决农村养老问题。这些问题将在第七节中得到解决。

第七节　北京市农村养老保险收支政策模拟

在第四节中已经得到未来各年北京市农村分年龄、性别的人口数。在此基础上，第五、六节得到农村居民“新人”“中人”“老人”的养老保险收支测算模型，本节主要对影响政府财政压力的各影响因素进行政策模拟。

一、现行标准下未来各年的养老保险收支平衡分析

通过前几节的测算模型及分析，我们已经测算出未来几年的农村养老保险收支变化趋势，下面把收入和支出进行对比，观察收支差额的变化。

表 4-15 中显示了未来 13 年北京市农村养老保险金的收入、支出、收支差额以及收入支出变化的情况。

从表 4-15 中可以看出，北京市农村的养老保险收入和支出都随着时间的推移逐渐增大，2011~2025 年，养老保险收支分别累计达到 704.0 亿元和 652.5 亿元，虽然积累数额巨大，但差额仅有 51.5 亿元，尚不够一年的养老保险金支出。如果出现收不抵支现象，就会发生支付危机，甚至影响到政府的信誉、社会的稳定。

表 4-15　2011~2025 年北京市农村养老保险金收支分析　　单位：万元

年份	收入	支出	差额	收入增长率（%）	支出增长率（%）
2011	240058	211939	28119	—	—
2012	271011	227685	43326	12.89	7.43
2013	299466	244418	55048	10.50	7.35
2014	330407	285848	44559	10.33	16.95
2015	366442	307140	59302	10.91	7.45

续表

年份	收入	支出	差额	收入增长率（%）	支出增长率（%）
2016	390456	326669	63788	6.55	6.36
2017	432653	351773	80880	10.81	7.69
2018	473200	416214	56987	9.37	18.32
2019	497520	449192	48328	5.14	7.92
2020	530808	485749	45058	6.69	8.14
2021	561924	519179	42745	5.86	6.88
2022	601455	588377	13078	7.03	13.33
2023	632173	647579	-15406	5.11	10.06
2024	680887	701561	-20674	7.71	8.34
2025	731333	761772	-30439	7.41	8.58
合计	7039793	6525096	514698	—	—

同时，收入和支出的增长速度也不同，收入的增长率是逐年下降的，并且下降幅度比较大，从 2012 年的 12.89% 下降到 2025 年的 7.41%，下降了 5.48 个百分点；而支出数额在不断增加的同时，增长率也稳中有升，从 2012 年的 7.43% 上升到 2025 年的 8.58%，上升了 1.15 个百分点。

根据表 4-15 显示，2023 年就出现了收不抵支现象，且数额逐渐增大，也正说明如果北京市政府不对新农保制度标准进行调整，即将面对支付危机。

观察图 4-15 中养老保险金的收支差额，在收入、支出都不断增加的同时，收支差额呈现开始增大而后减小的趋势，收支差额从 2011 年的 28119 万元增加到 2018 年的 116392 万元，但在 2017 年已经出现下降的趋势，甚至到 2023 年已经开始出现负数，同时随着“白发浪潮”的来临，老年人口数会越来越多，而劳动力人口会相对减少，并且该趋势还在不断地下降。因此，支出变多、收入变少的现象会越来越明显。

从长期来看，农村养老保险入不敷出，养老基金积累的不足，政府补助的不断增加，势必会造成养老保险政策的不稳定，也造成政府财政的支付危机。因此，对农保政策的调整和配套激励措施的实施显得尤为重要，下面就进行具体研究。

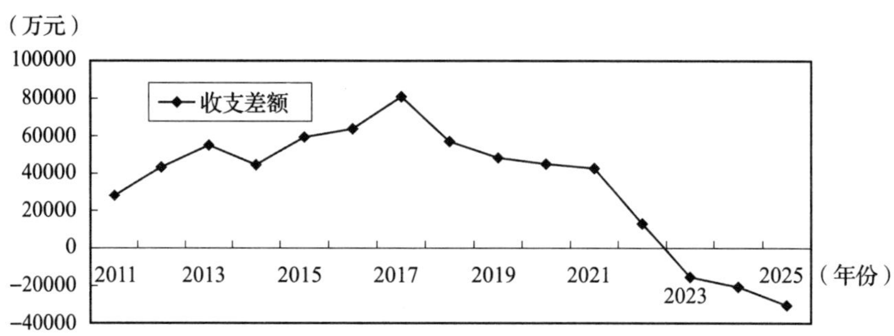

图 4-15　2011~2025 年北京市农村养老保险收支差额

二、北京市新农保政策的政策模拟

通过第一节的测算发现长期来看农村养老保险可能存在支付危机，这就需要政府和各区县采取积极措施进行应对。本节主要从影响养老保险金收入和支出的各参数（缴费率、退休年龄、个人账户发放标准、基础养老金福利养老金标准）出发，对北京市新农保的收入、支出进行政策模拟，最终为市政府调整新农保政策标准提供可靠的数字依据。

影响新农保养老金收支的因素，主要从影响收入、支出、缴费人数和领取人数等各方面选取，通过前文建立的收支模型，发现这些因素主要包括缴费率、收缴率、退休年龄、个人账户计发系数、基础养老金福利养老金标准。下面首先对各因素的单独效应进行政策模拟，在第三节进行组合的政策模拟。

（一）缴费率的政策模拟

在前面的收入测算模型中，个人和集体补助的总缴费率是 15%，这个标准明显低于城镇基本养老保险，因此调高缴费率是提高养老保险收入，改善收支不平衡的一个有效手段。根据“中人”的假设条件知道，“中人”的缴费率按照最低的缴费标准计算，因此缴费率的变动主要影响“新人”的养老金收入，根据第五节“新人”“中人”养老金收入测算公式，如果缴费率变动 ΔC，则总收入为：

$$(TI)_t = (NI)_t + (MI)_t = (NP)_t \times (AI)_t \times (C_t + \Delta C) \times D_t + (MI)_t \quad (4\text{-}25)$$

下面在其他标准不变的情况下，ΔC 分别为 0%、3%、6% 和 9% 时，北京市农村养老保险的收支情况，结果见表 4-16。

表 4–16 中显示，不同缴费率对于养老保险收入的影响非常明显，进而收支结余也变化较大。如在 2025 年，ΔC 为 0 时，收入为 73.1 亿元，支出比收入多 3.0 亿元。ΔC 为 3% 时，2025 年以前没有出现入不敷出现象。ΔC 为 9% 时，收入为 113.8 亿元，结余 37.6 亿元。在缴费率相差 9% 的情况下，收入相差 40.6 亿元，这对收支的平衡起到了很好的作用。

表 4–16 2011~2025 年不缴费率下的收支测算值 单位：亿元

年份	支出	ΔC 为 0		ΔC 为 3%		ΔC 为 6%		ΔC 为 9%	
		收入	结余	收入	结余	收入	结余	收入	结余
2011	21.2	24.0	2.8	26.5	5.3	29.1	7.9	31.6	10.4
2012	22.8	27.1	4.3	30.0	7.3	33.0	10.2	35.9	13.2
2013	24.4	29.9	5.5	33.3	8.9	36.7	12.3	40.1	15.7
2014	28.6	33.0	4.5	36.9	8.4	40.9	12.3	44.8	16.2
2015	30.7	36.6	5.9	41.1	10.4	45.6	14.9	50.0	19.3
2016	32.7	39.0	6.4	44.1	11.5	49.2	16.6	54.3	21.7
2017	35.2	43.3	8.1	49.0	13.9	54.8	19.6	60.6	25.4
2018	41.6	47.3	5.7	53.8	12.2	60.2	18.6	66.7	25.1
2019	44.9	49.8	4.8	57.0	12.1	64.2	19.3	71.5	26.6
2020	48.6	53.1	4.5	61.2	12.6	69.3	20.7	77.4	28.8
2021	51.9	56.2	4.3	65.3	13.4	74.4	22.4	83.4	31.5
2022	58.8	60.1	1.3	70.3	11.4	80.4	21.6	90.6	31.7
2023	64.8	63.2	–1.5	74.4	9.6	85.5	20.8	96.7	32.0
2024	70.2	68.1	–2.1	79.4	9.3	92.7	22.6	105.1	34.9
2025	76.2	73.1	–3.0	84.7	8.5	100.3	24.1	113.8	37.6
合计	652.5	704.0	51.5	807.2	154.7	916.3	263.8	1022.5	370.0

同时，观察在各个缴费率水平下的结余比较，如图 4–16 所示，在缴费率 ΔC 为 0 和 3% 时，结余拐点出现在 2017 年；而缴费率 ΔC 为 6% 和 9% 时，在 2025 年之前还没有出现拐点。可见，缴费率的增加使收支结余出现的时间向后延迟了。

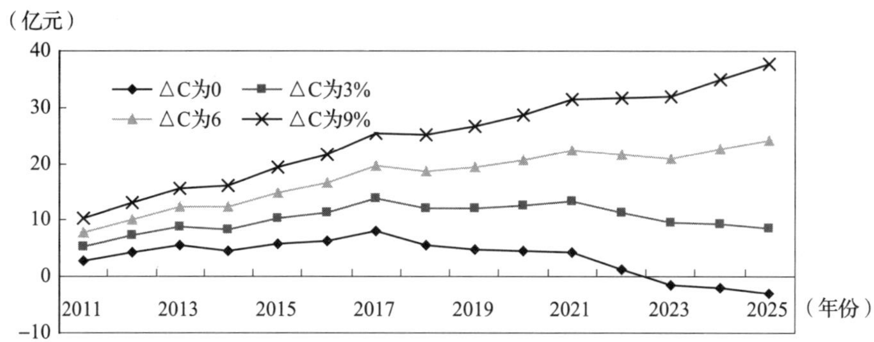

图 4-16　2011~2025 年不同缴费率下的收支差额

通过分析可知，缴费率可以在很大程度上提高了养老保险的收入，但是在农村居民收入尚不太高的情况下，农民和集体还不能承受太高的缴费率，缴费率的提高只能随着农村居民人均纯收入的增加而增加。北京市新农保实行弹性缴费制度，缴费高的居民所获得的集体补贴也就可能更高，在规定缴费下线的同时，也规定了上线，这就使农保政策更加公平。

缴费标准只是针对个人缴费和集体补贴的总和，对集体补助标准没有明确的界定，这就使农保政策具有不稳定性。因此，为了建立新农保的有效运行机制，在不断调整缴费率的条件下明确集体的责任也是非常必要的。

（二）收缴率的政策模拟

自 2008 年北京市实施新农保以来，参保率迅速提高，到 2011 年以实现 92% 的参保率，也就是说只有 8% 的适龄农村人口没有参加养老保险。但是，部分农村居民他们参加农村养老保险，看重的是退休后参保居民的待遇，参保居民的退休后待遇与未参保居民有差别。因此，在参保适龄年龄内存在较多的漏保，甚至中途退保现象，使参保年限和缴费情况都不乐观，这都导致收缴率不高。

根据“中人”的假设条件可知，“中人”的收缴率为 100%，因此收缴率的变动主要影响“新人”的养老金收入。根据第五节“新人”“中人”养老金收入测算公式，如果收缴率变动 ΔD，则总收入为：

$$(TI)_t = (NI)_t + (MI)_t = (NP)_t \times (AI)_t \times C_t \times (D_t + \Delta D) + (MI)_t \quad (4\text{-}26)$$

下面在考虑收缴率变动水平分别为在 −5%、0%、5% 和 10% 的情况下，对收支状况的影响。

通过表 4–17 中可以看出，不同收缴率对于养老保险收入的影响也是比较明显的，这样造成的收支结余也不同。如表 4–17 所示，到 2025 年，收缴率 ΔD 为 –5% 和 0% 时，养老保险金收入分别比支出少 7.6 亿元和 3.0 亿元；而收缴率 ΔD 为 5% 时，养老保险金结余为 1.5 亿元，转负为正，如果再增加 10%，养老保险金结余将增加到 6.0 亿元。

表 4–17 2011~2025 年不同收缴率下的收支测算值 单位：亿元

年份	支出	ΔD 为 –5%		ΔD 为 0		ΔD 为 5%		ΔD 为 10%	
		收入	结余	收入	结余	收入	结余	收入	结余
2011	21.2	23.2	2.0	24.0	2.8	24.9	3.7	25.7	4.5
2012	22.8	26.1	3.4	27.1	4.3	28.1	5.3	29.1	6.3
2013	24.4	28.8	4.4	29.9	5.5	31.1	6.6	32.2	7.8
2014	28.6	31.7	3.2	33.0	4.5	34.3	5.8	35.6	7.1
2015	30.7	35.2	4.4	36.6	5.9	38.1	7.4	39.6	8.9
2016	32.7	37.3	4.7	39.0	6.4	40.7	8.1	42.4	9.8
2017	35.2	41.3	6.2	43.3	8.1	45.2	10.0	47.1	11.9
2018	41.6	45.2	3.5	47.3	5.7	49.5	7.9	51.6	10.0
2019	44.9	47.3	2.4	49.8	4.8	52.2	7.2	54.6	9.7
2020	48.6	50.4	1.8	53.1	4.5	55.8	7.2	58.5	9.9
2021	51.9	53.2	1.2	56.2	4.3	59.2	7.3	62.2	10.3
2022	58.8	56.8	–2.1	60.1	1.3	63.5	4.7	66.9	8.1
2023	64.8	59.5	–5.3	63.2	–1.5	66.9	2.2	70.7	5.9
2024	70.2	64.0	–6.2	68.1	–2.1	72.2	2.0	76.3	6.1
2025	76.2	68.6	–7.6	73.1	–3.0	77.7	1.5	82.2	6.0
合计	652.5	668.6	16.1	704.0	51.5	739.4	86.9	774.8	122.3

同时，在收缴率 ΔD 为 –5% 和 0% 时，分别在 2022 年和 2023 年时出现收不抵支的情况，结余出现负数。当收缴率增加到 80% 时，结余不再存在负数，只是在 2017 年结余出现拐点，呈现下降趋势。可见，收缴率的提高对改善收支结余有明显的作用，尤其是在收支结余收缴率增加 5% 以上时效果尤为明显。

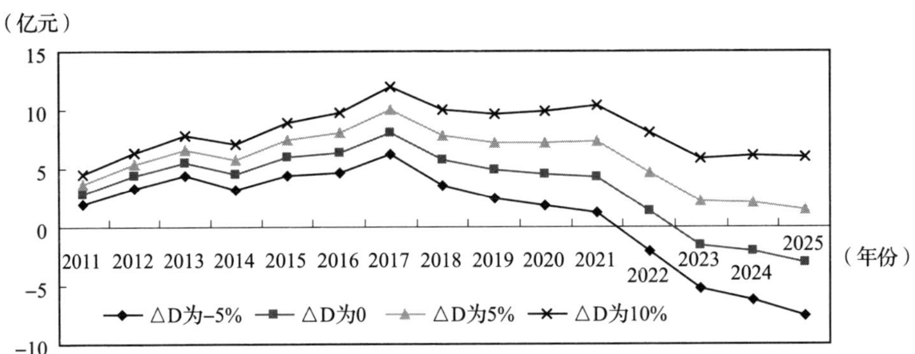

图 4-17　2011~2025 年不同收缴率下的收支差额

通过上面的分析可知，提高收缴率能够有效改善养老保险收支结余，但目前大部分农村居民受原来家庭养老模式的影响，还不能完全接受依靠养老保险的养老模式。因此，许多居民虽然参加了新农保，但是又不完全信赖“新农保”，或出现参保年限较低，或者中间漏缴费用，甚至退保现象，这也是造成收缴率不高的一个重要原因。要想改变这种局面，政府必须要不断完善新农保的长效保障机制，加大农村居民对新农保的了解和信任，当然这需要一个渐进和较长的过程。

（三）领取年龄的政策模拟

目前新农保政策中规定男性 60 岁领取、女性 55 岁领取，但随着我国生活质量和医疗卫生等各方面服务条件的改善，人均预期寿命不断提高。到 2011 年全国人均寿命已经达到 73 岁，卫生部部长陈竺在 2011 年“两会”期间提出，我国居民人均寿命在“十二五”期间将超过 75 岁。由于北京市作为医疗卫生条件最先进的省市，目前北京市人均寿命居全国之首，已达到 80 岁，“十二五”规划指出，五年后该将达到 81.8，而农村居民的人均寿命又相对城市居民较长。

同时，女性居民的人均寿命要长于男性，然而领取年龄却比男性还要早五年，可见目前养老保险金的领取年龄设定不太合理，需要进行不断的调整和完善。

1. 不同领取年龄下的养老保险人口基数

退休年龄延长在减少领取人数的同时也增加了缴费人数，可以增加养老保险金收入，减少支出。下面在退休年龄为男 60 岁、女 55 岁；男 60 岁、女 60 岁；男 65 岁、女 60 岁；男 60 岁、女 65 岁；男 65 岁、女 65 岁情况下对收支进行政策模拟。

从人口变化来看，缴费人数和领取人数随着退休年龄的增长变化显著。到2025年，退休年龄从男60岁、女55岁，变为男65岁、女60岁时，缴费人数将从121.7万人增加到143.9万人，领取人数从94.8万人降低到71.4万人。综合来看，年龄增长5岁有20万左右人口从领取人口中转移到缴费人口中去。相对缴费人口基数来说，变化不是很大，但相对领取人口，变化则很大。

同时，在各种领取年龄组合下，缴费人数都是从2015年开始出现拐点，从2015年开始缴费人数减少，领取人数却一直不断增加。这就造成了领取人口与缴费人口比例变化非常大。

从表4-18中可以看出，随着时间的推移，我国老年人口增加迅速，年轻人的抚养比增速加快，比如在目前的领取男60岁、女55岁情况下，抚养比从2011年

表4-18　不同领取年龄下新农保缴费、领取人数计算　单位：万人

年份	男60、女55			男60、女60			男65、女60			男60、女65			男65、女65		
	缴费人数	领取人数	抚养比（%）	缴费人数	领取人数	抚养比（%）	缴费人数	领取人数	抚养比（%）	缴费人数	领取人数	抚养比（%）	缴费人数	领取人数	抚养比（%）
2011	147.6	57.6	39.0	156.5	47.4	30.3	162.6	40.4	24.8	162.8	40.2	24.7	169.0	33.1	19.6
2012	149.1	60.3	40.4	158.2	50.1	31.7	165.0	42.4	25.7	165.3	42.1	25.5	172.1	34.4	20.0
2013	150.4	62.8	41.8	159.8	52.4	32.8	167.3	44.2	26.4	167.7	43.9	26.2	175.1	35.7	20.4
2014	151.3	65.3	43.2	160.8	55.1	34.3	168.9	46.4	27.5	169.3	46.0	27.1	177.5	37.2	21.0
2015	151.8	68.0	44.8	161.6	57.7	35.7	170.4	48.5	28.5	170.7	48.1	28.2	179.5	38.9	21.7
2016	149.9	69.9	46.7	159.2	60.1	37.8	168.3	50.5	30.0	168.7	50.1	29.7	177.8	40.5	22.8
2017	147.0	72.6	49.4	156.5	62.6	40.0	165.8	52.8	31.8	166.0	52.6	31.7	175.3	42.8	24.4
2018	143.2	76.2	53.2	153.6	65.1	42.4	163.3	55.0	33.7	163.3	54.9	33.6	172.9	44.8	25.9
2019	140.0	79.0	56.4	151.1	67.2	44.5	160.7	57.1	35.5	160.7	57.2	35.6	170.3	47.1	27.7
2020	136.7	81.9	59.9	148.2	69.8	47.1	158.0	59.5	37.6	157.8	59.7	37.8	167.6	49.3	29.4
2021	134.5	83.7	62.2	146.7	70.9	48.3	156.0	61.0	39.1	155.8	61.3	39.3	165.2	51.4	31.1
2022	131.9	85.8	65.1	143.7	73.4	51.1	153.4	63.3	41.3	153.1	63.6	41.5	162.7	53.5	32.9
2023	128.1	89.3	69.7	139.1	77.7	55.8	149.8	66.5	44.4	149.4	66.9	44.7	160.1	55.6	34.8
2024	124.9	92.0	73.7	135.5	80.9	59.8	146.9	68.9	46.9	146.4	69.4	47.4	157.8	57.4	36.4
2025	121.7	94.8	77.9	132.2	83.8	63.4	143.9	71.4	49.6	143.4	71.9	50.1	155.2	59.6	38.4

的39%增加到2020年的59.9%，再到2025年的77.9%，年均增长率为5.06%。即2011~2025年，每100名适龄劳动者平均每年要多负担5.06位老人的养老问题，到2025年每100名年轻劳动力就要负担起77.9位老人，负担非常重。抚养比增速越来越快也正说明了领取人口老龄化的到来。

随着这种趋势的不断增加，养老保险收支的稳定性受到巨大的威胁。

2. 不同领取年龄下的养老保险收支的政策模拟

表4-19表示的是在不同的领取年龄下，根据第四节建立的人口精算模型和第五、第六节建立的收入支出模型，测算得到的未来各年农村养老保险收支测算值。从表中可以看出，无论领取年龄是否延长，收入和支出都是在不断增加的。

表4-19　2011~2025年不同领取年龄下养老保险收支测算值　单位：亿元

年份	男60，女55			男60，女60			男65，女60			男60，女65			男65，女65		
	收入	支出	结余	收入	支出	结余	收入	支出	结余	收入	支出	结余	收入	支出	结余
2011	24.0	21.2	2.8	24.8	17.5	7.3	25.3	14.9	10.4	25.3	14.8	10.5	25.8	12.2	13.6
2012	27.1	22.8	4.3	28.0	18.9	9.1	28.7	16.0	12.6	28.7	15.9	12.8	29.4	13.0	16.4
2013	29.9	24.4	5.5	31.0	20.4	10.6	31.9	17.2	14.6	31.9	17.1	14.8	32.7	13.9	18.9
2014	33.0	28.6	4.5	34.3	24.1	10.1	35.3	20.3	15.0	35.4	20.1	15.3	36.4	16.3	20.1
2015	36.6	30.7	5.9	38.1	26.1	12.0	39.4	21.9	17.5	39.4	21.7	17.7	40.7	17.6	23.2
2016	39.0	32.7	6.4	40.6	28.1	12.5	42.2	23.6	18.6	42.2	23.4	18.8	43.8	18.9	24.9
2017	43.3	35.2	8.1	45.1	30.3	14.8	47.0	25.6	21.4	47.0	25.5	21.5	48.8	20.7	28.1
2018	47.3	41.6	5.7	49.7	35.6	14.1	51.9	30.1	21.8	51.9	30.0	21.8	54.0	24.5	29.6
2019	49.8	44.9	4.8	52.6	38.2	14.4	55.1	32.5	22.6	55.1	32.5	22.6	57.6	26.8	30.8
2020	53.1	48.6	4.5	56.5	41.4	15.1	59.4	35.3	24.1	59.3	35.4	23.9	62.2	29.3	33.0
2021	56.2	51.9	4.3	60.3	44.0	16.3	63.5	37.8	25.6	63.4	38.0	25.4	66.6	31.9	34.7
2022	60.1	58.8	1.3	64.7	50.3	14.4	68.4	43.4	25.0	68.3	43.6	24.7	72.0	36.6	35.3
2023	63.2	64.8	–1.5	68.0	56.3	11.7	72.7	48.2	24.5	72.5	48.5	24.0	77.2	40.3	36.8
2024	68.1	70.2	–2.1	73.3	61.7	11.6	78.9	52.5	26.4	78.7	52.9	25.8	84.3	43.7	40.6
2025	73.1	76.2	–3.0	79.0	67.3	11.6	85.5	57.4	28.1	85.2	57.8	27.4	91.8	47.9	43.9
合计	703.8	652.6	51.5	746	560.2	185.6	785.2	476.7	308.2	784.3	477.2	307	823.3	393.6	429.9

2011 年，在现有标准下，养老保险金收入是 24 亿元，支出 21.2 亿元；如果把女性退休年龄延长五年，即男女均 60 岁领取的情况下，收入为 24.8 亿元，支出 17.5 亿元，分别增加 0.8 亿元和减少 3.7 亿元。如果男女退休年龄都延长到 65 岁的情况下，养老保险金收入和支出分别是 25.8 亿元、12.2 亿元，比现行标准下的收入增加 1.8 亿元，支出减少 9 亿元。可见，男性或者女性领取年龄每延长 5 年，收入平均增加 0.6 亿元，而支出则减少 3 亿元。

到 2025 年，如果领取年龄分别延长到男女 65 岁，与现有领取年龄标准相比，收入和支出分别增加 18.7 亿元和减少 28.3 亿元，收支结余就增加 47 亿元，可见效果是非常明显的。

这主要是因为，养老保险收入的主要缴费主体还是年轻的劳动力，领取年龄的延长收入的增加是有限的，但对于支出的效果却非常显著。收入增幅小于支出减少的幅度，这是因为刚达到退休年龄的老年人在各个退休年龄中所占的比例相对较大，是非常重要的支出人群。随着时间的推移，老年人口越来越多，养老保险收入的主要缴纳群体也在不断地扩延，在未来各年，延长退休年龄对支出影响稳步增加的同时，对收入的影响也越来越大。

观察不同领取年龄下养老保险收支结余测算值，如图 4-18 所示，延长退休年龄能够明显地增加收支结余数额，在原有领取年龄标准下，在 2017 年，收支结余出现拐点，2023 年开始出现收入小于支出现象；如果女性领取年龄延长五岁，该拐点则会延迟到 2021 年；如果领取年龄再延长，该拐点虽然存在，但是出现在 2025 年以后。

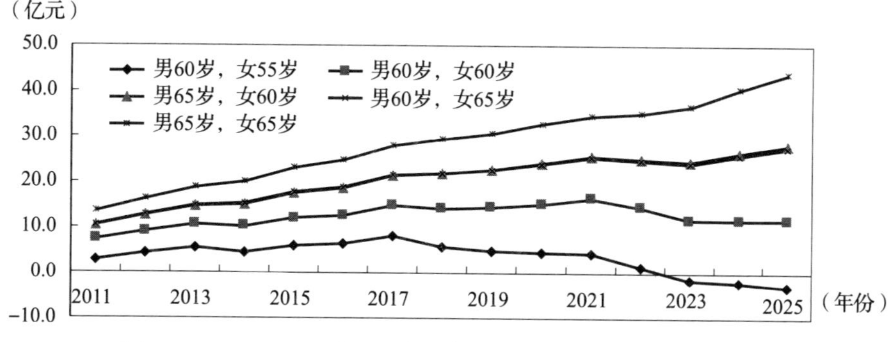

图 4-18　2011~2025 年不同领取年龄下养老保险收支结余测算值

通过前面的分析看出，延长退休年龄对养老保险收支的影响非常显著，尤其是随着老龄人口越来越多，该效果会越来越明显。但是延长退休年龄会造成就业压力等各方面的影响，退休年龄的延长需要在一定的就业结构、人口素质和国家经济发展水平的基础之上谨慎实施，才会起到积极的效果。

（四）个人账户计发系数的政策模拟

目前北京市新农保政策中规定个人账户计发系数为 139，而在养老保险支出个人账户支出模型中已经测算出，在 2.95% 的预期利率、人均寿命为 80 岁的情况下，北京市农村养老保险男性和女性的个人账户支出计发系数分别为 173 和 204，而目前该值则一直是 139。可见计发系数严重偏低。

个人计发系数与预期利率和领取养老金的年数相关，个人计发系数的偏低使养老保险金支出存在偏高的现象，对收支差额具有一定的反作用。下面分别按照计发系数为男 139、女 139；男 139、女 173；男 173、女 173；男 173、女 204 时对养老保险金的收支进行政策模拟。

从表 4-20 中可以看出，不同计发系数对养老保险支出的影响随着老年人口的寿命的延长而增大。在现有标准下，如果把女性计发系数提高到 173，在 2011 年支出就会减少 0.4 亿元，到 2025 年则会减少 3.9 亿元。在更高的计发系数下，支出减少得会更多。

表 4-20　2011~2025 年不同个人账户计发系数下农村养老保险收支测算值　单位：亿元

年份	收入	男 139，女 139		男 139，女 173		男 173，女 173		男 173，女 204	
		支出	结余	支出	结余	支出	结余	支出	结余
2011	24.0	21.2	2.8	20.8	3.2	20.5	3.5	20.3	3.7
2012	27.1	22.8	4.3	22.3	4.8	21.9	5.2	21.6	5.5
2013	29.9	24.4	5.5	23.9	6.1	23.5	6.5	23.1	6.8
2014	33.0	28.6	4.5	27.9	5.1	27.4	5.6	27.0	6.1
2015	36.6	30.7	5.9	29.9	6.7	29.3	7.3	28.8	7.8
2016	39.0	32.7	6.4	31.7	7.3	31.0	8.0	30.4	8.6
2017	43.3	35.2	8.1	34.1	9.2	33.2	10.0	32.5	10.7
2018	47.3	41.6	5.7	40.3	7.1	39.3	8.0	38.5	8.8
2019	49.8	44.9	4.8	43.3	6.4	42.2	7.6	41.2	8.5

续表

年份	收入	男 139，女 139		男 139，女 173		男 173，女 173		男 173，女 204	
		支出	结余	支出	结余	支出	结余	支出	结余
2020	53.1	48.6	4.5	46.7	6.4	45.4	7.7	44.2	8.9
2021	56.2	51.9	4.3	49.7	6.5	48.2	8.0	46.9	9.3
2022	60.1	58.8	1.3	56.4	3.8	54.7	5.5	53.1	7.0
2023	63.2	64.8	−1.5	61.9	1.4	59.7	3.5	57.9	5.3
2024	68.1	70.2	−2.1	66.8	1.3	64.3	3.8	62.3	5.8
2025	73.1	76.2	−3.0	72.3	0.8	69.4	3.7	67.0	6.1
合计	703.8	652.6	51.5	628	76.1	610	93.9	594.8	108.9

观察图 4-19 发现，计发系数的提高并不能延缓收支拐点的出现，都是在 2017 年出现的拐点，但是随着退休年龄的提高，收支结余出现负数的现象向后推移了。因为计发系数的计算与人口的人均寿命和领取养老保险金的年龄有关系，不能随便提供，否则会造成严重的后果。因此，在后面综合政策模拟部分将与这些因素结合分析。

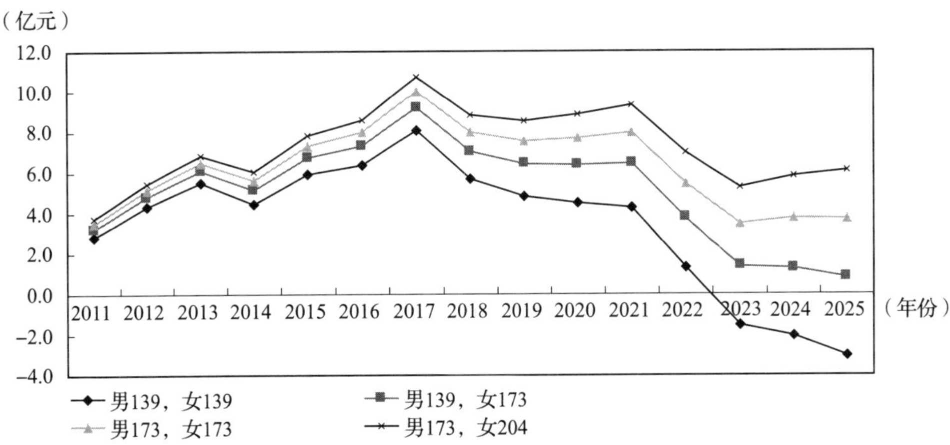

图 4-19　2011~2025 年不同个人账户计发系数下养老保险收支结余对比

（五）基础养老金和福利养老金标准的政策模拟

新农保规定，政府支出的基础养老金和福利养老金需要根据农村人均纯收入的增加而不断调整，2011 年就在 2008 年的发放标准的基础上每人每月增加了

30 元，依照 2011 年领取人数 57.6 万人计算，多支出了 2.07 亿元，这样 2011 年的收支结余仅有 2.8 亿元。

基础养老金和福利养老金的支出标准的提高不利于收支的结余的增加，但是，随着人均纯收入水平、物价水平等的升高，只有提高支出标准才能不断满足农村居民的老年需求。因此，养老金的调整不能过高也不能过低，必须有步骤、稳步提高。

利用第七节中测算出的未来各年的支出标准为基础，设计共 5 个方案，进行政策模拟。方案 1 为基础、福利养老金均为目前的标准，即基础养老金 310 元，福利养老金 230 元；方案 2 为支出模型中的测算值（如表 4–21 所示）；方案 3 为在方案 2 基础上，每月支出减少 10 元；方案 4 为在方案 2 基础上，每月增加 10 元；方案 5 为每个标准延长一年。下面利用这 5 种调整方案做政策模拟。

表 4–21　2011~2025 年不同基础、福利养老金标准下的养老保险收支测算值

单位：亿元

年份	收入	方案 1		方案 2		方案 3		方案 4		方案 5	
		支出	结余	支出	结余	支出	结余	支出	结余	支出	结余
2011	24.0	21.2	2.8	21.2	2.8	21.2	2.8	21.2	2.8	21.2	2.8
2012	27.1	22.8	4.3	22.8	4.3	22.8	4.3	22.8	4.3	22.8	4.3
2013	29.9	24.4	5.5	24.4	5.5	24.4	5.5	24.4	5.5	24.4	5.5
2014	33.0	26.2	6.8	28.6	4.5	27.8	5.2	29.4	3.7	26.2	6.8
2015	36.6	28.3	8.4	30.7	5.9	29.9	6.7	31.5	5.1	30.7	5.9
2016	39.0	30.1	8.9	32.7	6.4	31.8	7.2	33.5	5.5	32.7	6.4
2017	43.3	32.6	10.7	35.2	8.1	34.3	9.0	36.0	7.2	35.2	8.1
2018	47.3	35.7	11.6	41.6	5.7	40.7	6.6	42.5	4.8	38.4	8.9
2019	49.8	38.8	11.0	44.9	4.8	44.0	5.8	45.9	3.9	41.6	8.2
2020	53.1	42.2	10.9	48.6	4.5	47.6	5.5	49.6	3.5	48.6	4.5
2021	56.2	45.4	10.8	51.9	4.3	50.9	5.3	52.9	3.3	51.9	4.3
2022	60.1	48.5	11.6	58.8	1.3	57.8	2.3	59.9	0.3	55.2	4.9
2023	63.2	54.0	9.2	64.8	–1.5	63.7	–0.5	65.8	–2.6	61.0	2.2
2024	68.1	59.1	9.0	70.2	–2.1	69.1	–1.0	71.3	–3.2	66.3	1.8
2025	73.1	64.8	8.3	76.2	–3.0	75.0	–1.9	77.3	–4.2	76.2	–3.0
合计	703.8	574.1	129.8	652.6	51.5	641	62.8	664	39.9	632.4	71.6

随着时间推移，如果基础、福利养老金标准不进行调整（方案 1）支出减少的程度明显大于其他任何方案。观察方案 2、方案 3、方案 4 发现，在基础、福利养老金调整模型测算值的基础上平均每月每人支出减少或者增加 10 元，在 2023 年都会出现支出大于收入，改善效果不是很明显。可见，对于目前生活水平相对较高的北京市农村居民，少量养老金支出的增加或减少基本起不到保障的作用。而如果在方案 2 支出标准上均延长一年，在 2025 年才出现收入小于支出，效果相对明显，如图 4-20 所示。

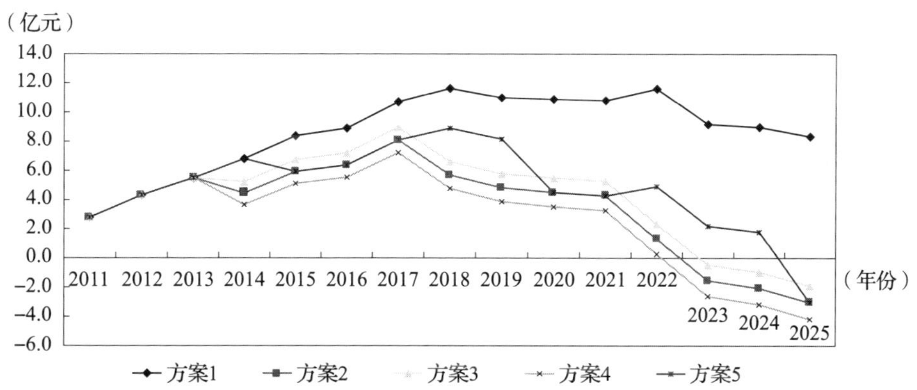

图 4-20 2011~2025 年不同基础、福利养老金标准下的养老保险收支结余比较

但是，目前北京市新农保政策从 2008 年到现在实施刚四年多，不能因为进行支出标准调整时支出增加了 11.3 亿元就对政策不进行调整，应该在调整支出标准同时调整其他影响因素，确保养老保险的收支平衡。

上面分析了在各种支出调整方案下，养老保险收支的变化情况，下面对在这些调整方案下对政府的财政压力进行分析。

观察表 4-22，可以看出，对于支出调整方案的影响变化不大，无论哪种方案到 2025 年为止，政府均需支出 400 多亿元，数额较大，需要政府做好财政预算。同时，在方案 2 的基础上增加或者减少 10 元，到 2025 年为止，政府累计多或者少支出 11.5 亿元，如果把每个支出标准都延长一年，支出减少 20.1 亿元，相对于 14 年间需要累计支出 400 多亿元的数额变化不显著。

表 4-22　2011~2025 年基础、福利养老金支出测算值　　单位：亿元

年份	方案 1		方案 2		方案 3		方案 4		方案 5	
	基础、福利养老金支出	累计	基础、福利养老金支出	累计	基础、福利养老金支出	累计	基础、福利养老金支出	累计	基础、福利养老金支出	累计
2011	17.7	17.7	17.7	17.7	17.7	17.7	17.7	17.7	17.7	17.7
2012	18.6	36.3	18.6	36.3	18.6	36.3	18.6	36.3	18.6	36.3
2013	19.4	55.8	19.4	55.8	19.4	55.8	19.4	55.8	19.4	55.8
2014	20.3	76.1	22.6	78.4	21.9	77.6	23.4	79.2	20.3	76.1
2015	21.2	97.2	23.6	102.0	22.8	100.4	24.5	103.6	23.6	99.7
2016	21.9	119.1	24.4	126.4	23.5	124.0	25.2	128.9	24.4	124.1
2017	22.7	141.8	25.4	151.8	24.5	148.5	26.2	155.1	25.4	149.4
2018	23.9	165.8	29.9	181.7	29.0	177.4	30.8	185.9	26.7	176.1
2019	24.9	190.7	31.1	212.7	30.1	207.6	32.0	217.9	27.8	203.9
2020	25.9	216.6	32.3	245.0	31.3	238.9	33.3	251.2	32.3	236.1
2021	26.5	243.1	33.1	278.1	32.1	270.9	34.1	285.3	33.1	269.2
2022	27.3	270.5	37.6	315.7	36.6	307.5	38.6	323.9	34.0	303.2
2023	28.5	299.0	39.2	354.9	38.1	345.7	40.3	364.2	35.5	338.7
2024	29.5	328.4	40.5	395.4	39.4	385.1	41.6	405.8	36.6	375.4
2025	30.4	358.9	41.8	437.3	40.7	425.8	43.0	448.8	41.8	417.2

为了维持未来的收支平衡，下面对所有影响收支平衡的因素进行综合的政策模拟。最终，在结合实际国情的情况下，确定未来最优的政策调整方案，为政府的政策调整提供依据。

三、北京市农村养老保险收支综合影响因素政策模拟

在前面对各个因素的政策模拟中，根据对养老保险收入、支出和结余的影响，可以把这些因素分为三类。第一类是收入因素，如缴费率和收缴率，它们分别通过影响年均缴费额和缴费年数影响收入，进而影响收支结余，而且缴费率对

收支结余的敏感度更高。随着北京市保障水平和农村居民收入的提高，应不断明确集体补助的标准，提高居民的缴费率和收缴率。第二类是支出因素，如个人账户的计发系数和基础、福利养老金，通过影响支出，进而影响收支结余。计发系数要考虑到人均收入水平、参保缴费年限、人均寿命等。第三类是结余因素，如退休年龄。退休年龄延长，会使领取人数变少，缴费人数增多，对维持养老保险平衡起到了双重作用。

下面综合以上几个因素，选出影响比较显著的因素，结合实际确定接受情况进行政策模拟。因为收缴率受农村居民主观意愿影响较大，政府并不能决定他们是否缴费，因此该数值在未来 14 年内保持不变；个人账户发放系数要依靠领取年龄的确定，这里假定调整系数根据领取年龄确定；因为基础、福利养老金调整对收支影响不大。最终确定 6 个方案，如下：

把各种方案的数值代入第四、五、六节的人口、收入和支出测算模型，计算得到的收支值如表 4-23 所示。

表 4-23　综合政策模拟方案

影响因素	方案 1	方案 2	方案 3	方案 4	方案 5	方案 6
缴费率 ΔC	0%	0%	0%	3%	3%	3%
领取年龄	男 60，女 55	男女均 60	男 65，女 60	男 60，女 55	男女均 60	男 65，女 60
计发系数	男 173，女 204	男女均 173	男 139，女 173	男 173，女 204	男女均 173	男 139，女 173

从表 4-23 中可以看出，6 个方案与原始方案比较，随着缴费率的增加，领取年龄的延长和个人账户计发系数的调整，养老保险收入和支出变化都比较明显，在 2025 年收入支出结余都很充足，比原始方案的效果要好很多，也说明了调整政策标准的必要性。除了方案 1 中在只调整计发系数的情况下，2021 年收支结余出现下降趋势，其他方案 3、方案 5、方案 6 收支结余已经达到 30 亿元以上，甚至方案 6 中支出仅占收入的一半。

对比方案 2 和方案 4，方案 3 和方案 5 可以发现，它们一个是调整了缴费率，另一个是延长了退休年龄和调整了计发系数，相对方案 1 变化幅度基本相同，这说明 3% 的缴费率的作用增加收入的效果与男性或者女性退休年龄延长 5 岁的效果是相同的。这在图 4-21 中也可以看出。

表 4-24 2011~2025 年各种方案下养老保险收支测算值 单位：亿元

年份	方案 1			方案 2			方案 3			方案 4			方案 5			方案 6		
	收入	支出	结余	收入	支出	结余	收入	支出	结余	收入	支出	结余	收入	支出	结余	收入	支出	结余
2011	24.0	20.3	3.7	24.8	16.9	7.9	25.3	14.6	10.7	26.5	20.3	6.3	27.5	16.9	10.6	28.1	14.6	13.5
2012	27.1	21.6	5.5	28.0	18.2	9.8	28.7	15.7	13.0	30.0	21.6	8.4	31.1	18.2	12.9	31.9	15.7	16.3
2013	29.9	23.1	6.8	31.0	19.6	11.4	31.9	16.8	15.1	33.3	23.1	10.2	34.6	19.6	15.0	35.6	16.8	18.9
2014	33.0	27.5	5.6	34.3	23.1	11.1	35.3	19.8	15.5	36.9	27.5	9.5	38.4	23.1	15.3	39.7	19.8	19.9
2015	36.6	29.3	7.3	38.1	24.9	13.2	39.4	21.3	18.1	41.1	29.3	11.8	42.8	24.9	18.0	44.4	21.3	23.1
2016	39.0	31.0	8.1	40.6	26.7	13.9	42.2	22.9	19.3	44.1	31.0	13.2	46.0	26.7	19.4	47.9	22.9	25.0
2017	43.3	33.1	10.2	45.1	28.7	16.5	47.0	24.7	22.2	49.0	33.1	16.0	51.3	28.7	22.6	53.5	24.7	28.7
2018	47.3	40.8	6.5	49.7	33.6	16.1	51.9	29.0	22.8	53.8	40.8	13.0	56.6	33.6	23.0	59.2	29.0	30.2
2019	49.8	41.8	8.0	52.6	35.9	16.7	55.1	31.3	23.8	57.0	41.8	15.2	60.5	35.9	24.6	63.5	31.3	32.2
2020	53.1	44.8	8.3	56.5	38.7	17.8	59.4	33.9	25.5	61.2	44.8	16.4	65.3	38.7	26.6	68.7	33.9	34.9
2021	56.2	47.4	8.8	60.3	40.8	19.5	63.5	36.2	27.2	65.3	47.4	17.8	70.2	40.8	29.4	74.0	36.2	37.8
2022	60.1	53.7	6.4	64.7	46.7	18.0	68.4	41.5	26.9	70.3	53.7	16.6	75.7	46.7	29.0	80.2	41.5	38.6
2023	63.2	58.5	4.7	68.0	52.0	16.1	72.7	46.0	26.7	74.4	58.5	15.9	80.2	52.0	28.2	85.7	46.0	39.8
2024	68.1	62.9	5.2	73.3	56.6	16.7	78.9	49.9	29.0	80.4	62.9	17.6	86.7	56.6	30.1	93.4	49.9	43.5
2025	73.1	67.6	5.5	79.0	61.4	17.6	85.5	54.3	31.2	86.7	67.6	19.1	93.7	61.4	32.3	101.5	54.3	47.2
合计	703.8	603.4	100.6	746	523.8	222.3	785.2	457.9	327	810	603.4	207	860.6	523.8	337	907.3	457.9	449.6

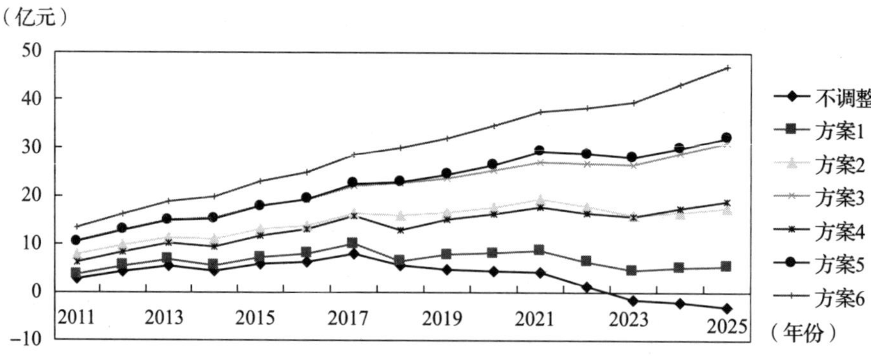

图 4-21 2011~2025 年各种方案下养老保险收支结余测算值

可见，缴费率的增加和领取年龄（包括调整计发系数）的延长是改善收支平衡非常有效的手段，在今后新农保政策不断调整过程中必须予以重视。

四、小结

通过缴费率、收缴率、退休年龄、个人账户计发系数和基础、福利养老金发放标准对北京市农村养老保险收支的政策模拟，各因素均对养老保险收支具有明显的影响，尤其是缴费率和退休年龄。下面对各因素的影响分别进行总结。

（一）北京市农村养老保险收支政策模拟结论

1. 稳定的缴费率是农村养老保险收入的基本保证

缴费率的多少直接影响着养老保险收入的来源，目前北京市农村人口中缴费人口基数相对较大，较小的变动就会造成收入的变化。在众多影响收入的因素中，缴费率对收入的敏感性最高，是最容易保证和提高的，也是最关键的影响因素。

目前农村居民的缴费率相对还比较低，与城镇基本养老保险的缴费率相比，有很大的上升空间。由于过去农村养老保险政策的不完善和农村居民的参保意识薄弱，基金积累不足，因此稳定的缴费率是保证老龄化人口到来不发生支付危机的保证。

2. 收缴率的提高需要各区县的宣传努力

收缴率作为影响养老保险收入的一个重要因素，同缴费率一样，能够直接影响收入的多少，进而能够促进养老保险收入的积累。

但不同的是，收缴率的提高是一个较长的过程，因为漏缴和未缴费的人群都是对参加农村养老保险持消极态度的人，说服他们积极缴费不是一件容易的事情，需要长时间的宣传才能起到效果。要鼓励居民按时缴费，进而能够增加人均缴费年限。

3. 退休年龄对农村养老保险支出具有重要影响

退休年龄通过影响缴费人数和领取人数，进而对养老保险的收入和支出产生影响，但是对收入的影响明显小于对支出的影响。这主要是由于缴费人群中年轻人占大多数，因此即使延长了缴费年龄，缴费人数也不会明显增加。但是，领取年龄的延长会大量减少领取人数，支出明显减少。

北京市农村人均寿命已经高达 80 岁以上，非常接近世界发达国家，具备了调整退休年龄的条件。但由于退休年龄的调整，以及涉及与城镇企业职工基本养老保险的衔接问题，还要考虑到年轻人的就业和人口素质问题，退休年龄需逐步提高。

4. 个人账户计发系数需根据退休年龄进行调整

个人账户计发系数主要通过影响个人账户的养老保险支出，来影响总支出的。计发系数的提高能够降低个人账户人均支出，把农村居民个人账户积累额分更多的领取年限领取，对减少支出的作用比较明显。尤其是北京市农村居民的预期人均寿命已经达到 80 岁以上，同时随着领取年限的延长，同时调整个人账户的计发系数，也是建立北京市农村养老保险长效机制的必要条件之一。

5. 基础、福利养老保险的小幅度调整对养老保险金的支出作用不显著

基础、福利养老金的调整可以直接影响保险支出的多少，而这部分支出需要政府的直接拨款。通过政策模拟发现，从 2011~2025 年 14 年间需要政府财政补助 437.3 亿元，数额比较巨大，这就需要政府做好财政预算，平衡收支，否则随着老龄人口越来越多，可能发生支出危机。

但少量的增加或减少支出标准，对支出总额的影响数额对政府的累计支出数额变化不大。这也说明为了兼顾各区县的收入水平差异，在条件可能的情况下，对收入水平较低的区县予以更多的关注。

（二）北京市“新农保”制度标准最优调整方案

通过本节的政策模拟，可以得到未来政策调整的方向，同时需要注意，有些因素市政府很难通过强制手段执行。如收缴率的调整，参保年限和断缴漏缴这些因素很难保证，需要居民的自觉遵守。基础、福利养老金对收支的影响效果并不明显，最优调整方案主要从缴费率、退休年龄、个人账户计发系数角度进行调整。兼顾北京市农村的实际情况，新农保政策标准的大体调整方向为：

首先，明确个人缴费中集体补贴的比例，根据不同领取年龄确定不同的个人账户计发系数，这些可以在 2012~2015 年明确规定出来。集体补贴比例的确定能够更大限度地调动各区县鼓励居民参保的积极性，这些都为以后提高缴费率和延长退休年龄奠定了基础。

其次，在退休年龄方面实行弹性退休年龄，鼓励将延长退休年龄至 65 岁，

个人账户计发系数根据退休年龄调整；同时提高集体补助标准至3%~5%。这些可在2016~2020年实行。

最后，规定男女领取年龄均为65岁，与发达国家同步；并根据经济水平，不断提高个人账户缴费中个人和集体补助标准，形成一个农村养老保险制度长效运行机制。

第八节　结论与政策建议

通过前面的北京市农村人口、养老保险收入和支出精算模型的建立，利用政策模拟已经得到未来北京市农村养老保险政策的最优调整方案。下面对本研究进行总结，并提出相关的政策建议，最后提出本研究不足之处。

一、主要结论

随着北京市人口老龄化进程的加快，本章利用人口学、保险学、统计学等多学科知识对未来北京市农村的人口结构、养老保险的收入和支出分别进行了测算。通过政策模拟方法分析了各种因素对未来养老金收支的影响程度，并以此为依据，为未来北京市新农保政策的调整提供了建议。具体测算结果总结如下：

（1）人口测算模型显示，北京市农村人口从2011~2013年农村人口缓慢增加至311.2万人，2014~2025年农村人口逐渐减少，并且减少速度逐年增加，到2025年将减少到297.8万人。与此同时，男60岁、女55岁以上的老年人口数从2011~2025年逐年增加，从2011年的57.6万人增加到2025年的94.8万人，老年人口占总人口比重从2011年的18.5%增加到2025年的31.8%。

同时，北京市农村人口结构变化显示，未来北京市农村老年人口将面临两次人口高峰，在2020年迎来第一个老年人口高峰后，2050年还将面临严重的养老问题。可见，建立符合北京市农村实际情况的稳定的农保制度是非常必要的。

（2）未来北京市农村养老保险的缴费和领取人数显示，缴费人口基数在不断减少，但领取人数却在不断增加，缴费人数基数从2011年的147.6万人增加到2015年的151.8万人后逐渐减少，并且减少趋势却越来越大，到2025年已经减少到121.7万人。领取人数从2011年开始一直增加，从2011年的57.6万人增加到2025年的94.8万人，虽然目前为止缴费人口基数多于领取人数，但长期来看，领取人数必然而且很快就会超过缴费人口基数。

（3）未来北京市农村养老保险的收入和支出显示，2011~2025年北京市农村养老保险收入和支出逐年增加，分别从2011年的24.0亿元和21.2亿元增加到2025年的73.1亿元和76.2亿元，累计达到704.0亿元和652.5亿元，15年内结余累计仅有51.5亿元，如果发生收不抵支现象，发生支付危机的可能性非常大。收支测算结果显示，北京市农村2023年就开始出现支出超过收入的情况，数额逐渐增大。虽然短期内，入不敷出的数额并不大，但长期来看，由于农村基金积累不足，而老年人口越来越多，对政策标准进行调整，采取增加收入减少支出的措施是非常必要的。

（4）通过对未来北京市农村养老保险的财政支出负担测算，2011年政府需支出基础养老金和福利养老金分别7.1亿元和10.7亿元，到2025年分别增长到21.9亿元和19.9亿元，总计增加了24亿元。从2011~2025年，仅基础养老金和福利养老金需要累计支出437.3亿元。随着北京市农村居民收入增加、领取人口增多，支出金额会越来越大。

（5）在北京市农村人口、养老保险收入和支出的基础上，利用政策模拟方法，各因素对养老保险收支的影响表明，缴费率、收缴率、退休年龄、计发系数和基础、福利养老金支出标准对养老保险的收支都会产生明显的影响，其中缴费率、退休年龄和计发系数影响最为明显，这些因素是政府可以直接进行调整的。因此，在未来政策调整过程中，可以从这些因素进行着手调整。但是，任何因素的调整都需要兼顾其调整产生的社会、经济影响，要慎重执行。

通过调整各个影响因素，可以短期内调整养老保险金的收支平衡问题，但随着进入老龄化社会，解决农村居民的养老问题最重要的、最根本的还是政府要不断提高农村居民的收入水平和生活水平，保障农村居民老有所养、老有所医、老有所为、老有所学、老有所乐。

二、政策建议

根据对未来北京市农村养老保险收支测算，以及政策模拟的分析，随着北

京市农村人口比重迅速增加，未来的财政负担非常大，为保障新农保制度的长久稳定运行，避免发生支付危机，根据相关的测算结果，政府可以从以下几个方面采取如下措施：

1. 明确各区县的责任，鼓励农村居民提高缴费率

与城镇职工基本养老保险缴费率相比，农村居民的缴费率相对较低，具有较大的提高潜力，而目前的新农保政策实行集体补助，个人账户由个人缴费和集体补贴构成，而个人和集体补贴的比例并不明确，这就可能使各区县政府推卸责任、挫伤农村居民参保的积极性，不能长久保持较高的参保热情。因此，为了保障缴费率不断地提高，新农保政策要明确各区县的责任，通过提高各区县自己经济水平，逐渐由“农保补贴主要依靠政府补贴”变成“依靠各区县补助和农村居民自己缴费”。在“白发浪潮”来临时能够有效地保障保障老年人口的生活水平。

2. 鼓励农民尽早开始参保并保持长期缴费

参保农村居民缴费时间越长，个人账户积累就会越多，达到领取年龄后领取得也就越多。虽然目前实行的是部分积累式养老保险，但以前参保率不高，基金账户积累不足，存在部分空账的问题。新农保的实施使参保率迅速提升，随着越来越多的参保农村居民加入到领取养老保险金的行列中去，在总支出迅速增加的同时，个人账户支出数额也非常大。为了应对巨大的支付负担，除了要依靠政府补助以外，各区县应该采取有效措施鼓励当地居民缴费更高、缴费年限更长，以应对第一个老年人口高潮的来临，稳定新农保政策。

比如可以加大新农保的宣传力度，让农民清楚知道早参保的好处，同时对缴费积累额达到一定标准的居民予以更多的养老金补助，这既有助于激励农村居民参保的积极性，又能够在一定程度上分担政府的责任，以建立长久的运行机制。

3. 加强个人账户养老金的投资运营，增大积累

我国养老保险基金投资渠道狭窄，收益基金，保值增值存在困难，迫切需要找到风险小、收益高的投资方法和渠道。新农保个人账户基金应当在适当情况下进行市场化投资运营，以提高投资收益率。目前，由于新农保还处于试点起步阶段，基金积累规模较小，加之金融市场还不够成熟，现行新农保政策对新农保基金投资方式要求还非常严格，主要通过购买国债和存银行方式以增值。随着新

农保制度全面推行，应该尽快放开管理限制，实现新农保个人账户基金市场化运营，增加基金积累的保值增值。在未来各年的养老保险收入中可以看出，每年都有几十亿元的养老保险收入，从2011~2025年，收入积累额已经有700亿元左右。可见，随着我国农保制度不断完善，基金积累的不断增加，如果采取有效的基金投资手段，获得较大投资收益的可能性也是非常大的。

目前，北京市新农保个人账户基金实行县级管理，若新农保基金由县一级机构进行投资运营，成本很高，安全难以保证，也没有规模效益。因此，除了预留一部分资金以备日常支付之外，各区县的新农保管理机构作为委托人，可以将剩余新农保基金委托给专业的投资管理机构或全国社会保障基金理事会，并将投资资金由商业银行进行托管，有效提高投资收益，进而增加养老保险收入。

4．逐步延长养老保险金领取年龄

通过前面的政策模拟分析指导，退休年龄的延长，能够同时影响养老保险收入和支出，尤其是对支出的影响效果明显，对养老保险收支平衡能够起到非常明显的作用。目前北京市农村人均寿命已经高达80岁以上，非常接近世界发达国家，而发达国家的退休年龄一般都在65岁左右，已经具备了调整退休年龄的条件。

由于退休年龄的调整，会涉及与城镇企业职工基本养老保险的衔接问题，会影响到年轻人的就业和人口素质问题，退休年龄需逐步提高。比如可以借鉴上海实行弹性退休年龄的办法，先在一段时间内实行弹性领取年龄制度，对于延长领取的农村居民予以一定的鼓励，经过一段时间的试行后，如果效果显著，并且不会给就业等其他方面造成负面影响的话，待政策稳定后再强制实行，最终实行与北京市农村居民人均寿命相适应的退休年龄。

5．调整个人账户计发系数标准

计发系数的标准主要受缴费年限、领取年限、退休年龄等因素的影响，目前北京市新农保政策规定，老年人口在达到领取年龄后均按照139的计发系数计算，而该标准是在假设退休后的余寿仅有15年左右的基础上测算得到的。随着北京市人均寿命的不断增加，个人账户的计发系数的调整，也成为必须做到工作，这样也能在一定程度上减少养老保险金的支出。因此，应该根据个人的领取情况，采取不同的计发系数。

6. 做好城乡养老保险的衔接工作

随着北京市城市化进程的加快，农村居民逐渐转变为城镇居民。从北京市政府积极推动形成城乡居民养老保险制度可以看出未来北京市农保政策的发展方向。这样一来，政府的责任会更大，因此各区县必须解决好本区县居民的养老问题，主动承担更多的补助，减轻政府的负担。

随着农村“白发浪潮”来临，养老问题作为社会保障的重要组成部分，关系着社会的稳定，中间不容许出现任何的差错。因此，政府在对新农保政策进行调整时，既要考虑到政策调整的效果，又要考虑到其中政策调整的可行性，在长远规划的条件下，建立新农保政策的长效运行机制。

三、研究展望

根据目前数据和技术所限，本章研究的局限性和在以后可能的研究突破口可总结为以下方面：

1. 养老金收支测算年限较短

考虑到北京市农村的迁移率、生育率及人均纯收入等因素的预测精度，文章仅测算了 2011~2025 年，14 年的人口数、养老保险的收入和支出，预测数据时间较短。未来应该根据相应更新的数据，预测长期的收支数额，进而对养老保险政策标准的调整更加有参考价值。

2. 数据缺乏导致在分析养老保险收支结余时未考虑以前养老保险积累金额

由于缺乏北京市农村养老保险历年的养老保险的累计基金数，未能得到未来各年的基金累计数。这样，对北京市新农保收支的比较只是基于当年数据以及从 2011 年的积累数据进行分析。

总之，本书建立的新农保收支测算模型对北京市新农保制度标准的调整具有很强的指导价值，但由于可借鉴经验较少，还需要在实践中检验。同时，新农保制度直接关系到农民的养老问题，不允许出现任何差错。因此，政策标准调整还需要谨慎执行，需要先试行再执行，确保在稳定民生的同时，建立一个能够长效稳定运行的养老保险制度。

附录

附录 A　生命表（2010～2013 年）

中国人身保险业经验生命表（2010~2013）								
年龄（周岁）	男	女	年龄（周岁）	男	女	年龄（周岁）	男	女
0	0.000566	0.000453	19	0.000241	0.000115	38	0.000746	0.000337
1	0.000386	0.000289	20	0.000248	0.000120	39	0.000808	0.000372
2	0.000268	0.000184	21	0.000256	0.000125	40	0.000878	0.000410
3	0.000196	0.000124	22	0.000264	0.000129	41	0.000955	0.000450
4	0.000158	0.000095	23	0.000273	0.000134	42	0.001041	0.000494
5	0.000141	0.000084	24	0.000284	0.000139	43	0.001138	0.000540
6	0.000132	0.000078	25	0.000297	0.000144	44	0.001245	0.000589
7	0.000129	0.000074	26	0.000314	0.000149	45	0.001364	0.000640
8	0.000131	0.000072	27	0.000333	0.000154	46	0.001496	0.000693
9	0.000137	0.000072	28	0.000354	0.000160	47	0.001641	0.000750
10	0.000146	0.000074	29	0.000379	0.000167	48	0.001798	0.000811
11	0.000157	0.000077	30	0.000407	0.000175	49	0.001967	0.000877
12	0.000170	0.000080	31	0.000438	0.000186	50	0.002148	0.000950
13	0.000184	0.000085	32	0.000472	0.000198	51	0.002340	0.001031
14	0.000197	0.000090	33	0.000509	0.000213	52	0.002544	0.001120
15	0.000208	0.000095	34	0.000549	0.000231	53	0.002759	0.001219
16	0.000219	0.000100	35	0.000592	0.000253	54	0.002985	0.001329
17	0.000227	0.000105	36	0.000639	0.000277	55	0.003221	0.001450
18	0.000235	0.000110	37	0.000690	0.000305	56	0.003469	0.001585

续表

年龄（周岁）	男	女	年龄（周岁）	男	女	年龄（周岁）	男	女
57	0.003731	0.001736	74	0.017686	0.010730	91	0.148212	0.094249
58	0.004014	0.001905	75	0.020539	0.012332	92	0.162742	0.103002
59	0.004323	0.002097	76	0.024017	0.014315	93	0.178566	0.112281
60	0.004660	0.002315	77	0.028162	0.016734	94	0.195793	0.122109
61	0.005034	0.002561	78	0.032978	0.019619	95	0.214499	0.132540
62	0.005448	0.002836	79	0.038437	0.022971	96	0.234650	0.143757
63	0.005909	0.003137	80	0.044492	0.026770	97	0.256180	0.155979
64	0.006422	0.003468	81	0.051086	0.030989	98	0.279025	0.169421
65	0.006988	0.003835	82	0.058173	0.035598	99	0.303120	0.184301
66	0.007610	0.004254	83	0.065722	0.040576	100	0.328401	0.200836
67	0.008292	0.004740	84	0.073729	0.045915	101	0.354803	0.219242
68	0.009046	0.005302	85	0.082223	0.051616	102	0.382261	0.239737
69	0.009897	0.005943	86	0.091239	0.057646	103	0.410710	0.262537
70	0.010888	0.006660	87	0.100900	0.064084	104	0.440086	0.287859
71	0.012080	0.007460	88	0.111321	0.070942	105	1.000000	1.000000
72	0.013550	0.008369	89	0.122608	0.078241	—	—	—
73	0.015387	0.009436	90	0.134870	0.086003	—	—	—

附录 B　2014 年国务院关于建立统一的城乡居民基本养老保险制度的意见

《国务院关于建立统一的城乡居民基本养老保险制度的意见》

各省、自治区、直辖市人民政府，国务院各部委、各直属机构：

按照党的十八大精神和十八届三中全会关于整合城乡居民基本养老保险制度的要求，依据《中华人民共和国社会保险法》有关规定，在总结新型农村社会养老保险（以下简称新农保）和城镇居民社会养老保险（以下简称城居保）试点经验的基础上，国务院决定，将新农保和城居保两项制度合并实施，在全国范围内建立统一的城乡居民基本养老保险（以下简称城乡居民养老保险）制度。现提出以下意见：

一、指导思想

高举中国特色社会主义伟大旗帜，以邓小平理论、“三个代表”重要思想、科学发展观为指导，贯彻落实党中央和国务院的各项决策部署，按照全覆盖、保基本、有弹性、可持续的方针，以增强公平性、适应流动性、保证可持续性为重点，全面推进和不断完善覆盖全体城乡居民的基本养老保险制度，充分发挥社会保险对保障人民基本生活、调节社会收入分配、促进城乡经济社会协调发展的重要作用。

二、任务目标

坚持和完善社会统筹与个人账户相结合的制度模式，巩固和拓宽个人缴费、集体补助、政府补贴相结合的资金筹集渠道，完善基础养老金和个人账户养老金相结合的待遇支付政策，强化长缴多得、多缴多得等制度的激励机制，建立基础养老金正常调整机制，健全服务网络，提高管理水平，为参保居民提供方便快捷的服务。“十二五”期末，在全国基本实现新农保和城居保制度合并实施，并与职工基本养老保险制度相衔接。2020年前，全面建成公平、统一、规范的城乡居民养老保险制度，与社会救助、社会福利等其他社会保障政策相配套，充分发挥家庭养老等传统保障方式的积极作用，更好保障参保城乡居民的老年基本生活。

三、参保范围

年满16周岁（不含在校学生），非国家机关和事业单位工作人员及不属于职工基本养老保险制度覆盖范围的城乡居民，可以在户籍地参加城乡居民养老保险。

四、基金筹集

城乡居民养老保险基金由个人缴费、集体补助、政府补贴构成。

（一）个人缴费。参加城乡居民养老保险的人员应当按规定缴纳养老保险费。缴费标准目前设为每年100元、200元、300元、400元、500元、600元、700元、800元、900元、1000元、1500元、2000元12个档次，省（区、市）人民政府可以根据实际情况增设缴费档次，最高缴费档次标准原则上不超过当地灵活就业人员参加职工基本养老保险的年缴费额，并报人力资源社会保障部备案。人力资源社会保障部会同财政部依据城乡居民收入增长等情况适时调整缴费

档次标准。参保人自主选择档次缴费，多缴多得。

（二）集体补助。有条件的村集体经济组织应当对参保人缴费给予补助，补助标准由村民委员会召开村民会议民主确定，鼓励有条件的社区将集体补助纳入社区公益事业资金筹集范围。鼓励其他社会经济组织、公益慈善组织、个人为参保人缴费提供资助。补助、资助金额不超过当地设定的最高缴费档次标准。

（三）政府补贴。政府对符合领取城乡居民养老保险待遇条件的参保人全额支付基础养老金，其中，中央财政对中西部地区按中央确定的基础养老金标准给予全额补助，对东部地区给予 50% 的补助。

地方人民政府应当对参保人缴费给予补贴，对选择最低档次标准缴费的，补贴标准不低于每人每年 30 元；对选择较高档次标准缴费的，适当增加补贴金额；对选择 500 元及以上档次标准缴费的，补贴标准不低于每人每年 60 元，具体标准和办法由省（区、市）人民政府确定。对重度残疾人等缴费困难群体，地方人民政府为其代缴部分或全部最低标准的养老保险费。

五、建立个人账户

国家为每个参保人员建立终身记录的养老保险个人账户，个人缴费、地方人民政府对参保人的缴费补贴、集体补助及其他社会经济组织、公益慈善组织、个人对参保人的缴费资助，全部记入个人账户。个人账户储存额按国家规定计息。

六、养老保险待遇及调整

城乡居民养老保险待遇由基础养老金和个人账户养老金构成，支付终身。

（一）基础养老金。中央确定基础养老金最低标准，建立基础养老金最低标准正常调整机制，根据经济发展和物价变动等情况，适时调整全国基础养老金最低标准。地方人民政府可以根据实际情况适当提高基础养老金标准；对长期缴费的，可适当加发基础养老金，提高和加发部分的资金由地方人民政府支出，具体办法由省（区、市）人民政府规定，并报人力资源社会保障部备案。

（二）个人账户养老金。个人账户养老金的月计发标准，目前为个人账户全部储存额除以 139（与现行职工基本养老保险个人账户养老金计发系数相同）。参保人死亡，个人账户资金余额可以依法继承。

七、养老保险待遇领取条件

参加城乡居民养老保险的个人，年满 60 周岁、累计缴费满 15 年，且未领取国家规定的基本养老保障待遇的，可以按月领取城乡居民养老保险待遇。

新农保或城居保制度实施时已年满60周岁，在本意见印发之日前未领取国家规定的基本养老保障待遇的，不用缴费，自本意见实施之月起，可以按月领取城乡居民养老保险基础养老金；距规定领取年龄不足15年的，应逐年缴费，也允许补缴，累计缴费不超过15年；距规定领取年龄超过15年的，应按年缴费，累计缴费不少于15年。

城乡居民养老保险待遇领取人员死亡的，从次月起停止支付其养老金。有条件的地方人民政府可以结合本地实际探索建立丧葬补助金制度。社会保险经办机构应每年对城乡居民养老保险待遇领取人员进行核对；村（居）民委员会要协助社会保险经办机构开展工作，在行政村（社区）范围内对参保人待遇领取资格进行公示，并与职工基本养老保险待遇等领取记录进行比对，确保不重、不漏、不错。

八、转移接续与制度衔接

参加城乡居民养老保险的人员，在缴费期间户籍迁移、需要跨地区转移城乡居民养老保险关系的，可在迁入地申请转移养老保险关系，一次性转移个人账户全部储存额，并按迁入地规定继续参保缴费，缴费年限累计计算；已经按规定领取城乡居民养老保险待遇的，无论户籍是否迁移，其养老保险关系不转移。

城乡居民养老保险制度与职工基本养老保险、优抚安置、城乡居民最低生活保障、农村五保供养等社会保障制度以及农村部分计划生育家庭奖励扶助制度的衔接，按有关规定执行。

九、基金管理和运营

将新农保基金和城居保基金合并为城乡居民养老保险基金，完善城乡居民养老保险基金财务会计制度和各项业务管理规章制度。城乡居民养老保险基金纳入社会保障基金财政专户，实行收支两条线管理，单独记账、独立核算，任何地区、部门、单位和个人均不得挤占挪用、虚报冒领。各地要在整合城乡居民养老保险制度的基础上，逐步推进城乡居民养老保险基金省级管理。

城乡居民养老保险基金按照国家统一规定投资运营，实现保值增值。

十、基金监督

各级人力资源社会保障部门要会同有关部门认真履行监管职责，建立健全内控制度和基金稽核监督制度，对基金的筹集、上解、划拨、发放、存储、管理等进行监控和检查，并按规定披露信息，接受社会监督。财政部门、审计部门按各自职责，对基金的收支、管理和投资运营情况实施监督。对虚报冒领、挤占挪用、贪污浪费等违纪违法行为，有关部门按国家有关法律法规严肃处理。要积极探索有村（居）民代表参加的社会监督的有效方式，做到基金公开透明，制度在阳光下运行。

十一、经办管理服务与信息化建设

省（区、市）人民政府要切实加强城乡居民养老保险经办能力建设，结合本地实际，科学整合现有公共服务资源和社会保险经办管理资源，充实加强基层经办力量，做到精确管理、便捷服务。要注重运用现代管理方式和政府购买服务方式，降低行政成本，提高工作效率。要加强城乡居民养老保险工作人员专业培训，不断提高公共服务水平。社会保险经办机构要认真记录参保人缴费和领取待遇情况，建立参保档案，按规定妥善保存。地方人民政府要为经办机构提供必要的工作场地、设施设备、经费保障。城乡居民养老保险工作经费纳入同级财政预算，不得从城乡居民养老保险基金中开支。基层财政确有困难的地区，省市级财政可给予适当补助。

各地要在现有新农保和城居保业务管理系统基础上，整合形成省级集中的城乡居民养老保险信息管理系统，纳入“金保工程”建设，并与其他公民信息管理系统实现信息资源共享；要将信息网络向基层延伸，实现省、市、县、乡镇（街道）、社区实时联网，有条件的地区可延伸到行政村；要大力推行全国统一的社会保障卡，方便参保人持卡缴费、领取待遇和查询本人参保信息。

十二、加强组织领导和政策宣传

地方各级人民政府要充分认识建立城乡居民养老保险制度的重要性，将其列入当地经济社会发展规划和年度目标管理考核体系，切实加强组织领导；要优化财政支出结构，加大财政投入，为城乡居民养老保险制度建设提供必要的财力保障。各级人力资源社会保障部门要切实履行主管部门职责，会同有关部门做好城乡居民养老保险工作的统筹规划和政策制定、统一管理、综合协调、监督检查等工作。

各地区和有关部门要认真做好城乡居民养老保险政策宣传工作，全面准确地宣传解读政策，正确把握舆论导向，注重运用通俗易懂的语言和群众易于接受的方式，深入基层开展宣传活动，引导城乡居民踊跃参保、持续缴费、增加积累，保障参保人的合法权益。

各省（区、市）人民政府要根据本意见，结合本地区实际情况，制定具体实施办法，并报人力资源社会保障部备案。

本意见自印发之日起实施，已有规定与本意见不一致的，按本意见执行。

附录 C　2015 年海南省城乡居民基本养老保险暂行办法

《海南省城乡居民基本养老保险暂行办法》

第一章　总　则

第一条　为进一步统筹城乡发展，逐步缩小城乡差距，推进基本公共服务均等化，根据《中华人民共和国社会保险法》等法律法规，结合我省实际，制定本办法。

第二条　城乡居民基本养老保险（以下简称城乡居民养老保险）的基本方针是“全覆盖、保基本、有弹性、可持续”。以增强公平性、适应流动性、保证可持续性为重点，全面推进和不断完善覆盖全体城乡居民的基本养老保险制度，充分发挥社会保险对保障人民基本生活、调节社会收入分配、促进城乡经济社会协调发展的重要作用。

第三条　各市、县、自治县人民政府是城乡居民养老保险的责任主体，统筹组织实施城乡居民养老保险的各项工作，成立城乡居民养老保险工作领导小组，负责本市、县、自治县城乡居民养老保险工作；切实加强城乡居民养老保险经办能力建设，充实基层经办力量，保障城乡居民养老保险政策的实施。

人力资源和社会保障部门为城乡居民养老保险工作的行政主管部门，负责拟定城乡居民养老保险政策，制定各项业务管理规章制度、内控制度和基金稽核制度，对基金的筹集、上解、划拨、发放进行监控和定期检查，并定期公布城乡居民养老保险基金筹集和支付信息，做到公开透明，接受社会监督；积极探索城乡居民养老保险、城镇从业人员基本养老保险制度衔接，并逐步推进省级统筹。省、市、县、自治县城乡居民养老保险经办机构负责城乡居民养老保险政策的组织实施，并指导乡镇、农场及相关部门做好参保登记、保险费收缴、基金划拨和管理、个人账户建立与管理、待遇核定与支付、保险关系转移接续、档案管理等工作。街道（乡镇）劳动保障服务机构负责对参保人员的基本信息、缴费信息、待遇领取及关系转移等进行初审、并负责信息采集、保费征缴、受理咨询、查询和举报、政策宣传、情况公示等工作。村（居）委员会协管员负责参保登记、缴费档次选定、待遇领取、参保人员死亡当月报告、关系转移接续等业务环节所需材料的收集与上报，负责向参保人员发放有关资料，督促参保人员按时缴费等工作。

财政部门负责安排和拨付城乡居民养老保险政府补贴资金及拨付中央转移支付的基础养老金，管理城乡居民养老保险基金。

公安部门负责核实并协助提供参保人员的户口性质和个人身份信息。

民政部门负责提供城乡享受最低生活保障待遇人员、享受定期抚恤补助金的优抚对象名单。

残联组织负责提供城乡重度残疾人名单。

计生部门负责审核并协助提供城乡独生子女领证户、农村双女户（含农村少数民族三女户）家庭的参保人员名单。

审计部门要加强对城乡居民养老保险基金的筹集、管理和运行情况的审计，严禁挤占挪用，确保城乡居民养老保险基金安全。

监察部门要加强对有关政府职能部门履行职责情况的监督检查，依法对城乡居民养老保险基金管理和使用中的失职渎职、以权谋私行为进行处理。

第四条　凡具有本省行政区域内户口（包括农业户口和非农业户口），年满16周岁（不含在校学生）、非国家机关和事业单位工作人员，当期未参加城镇从业人员基本养老保险等现有社会养老保险制度，未领取城镇从业人员基本养老金及其他社会养老金的城乡居民，可以在户口所在地自愿参加城乡居民养老保险。

第二章　保费筹集

第五条　城乡居民养老保险基金由个人缴费、集体补助、政府补贴构成。有条件的村集体经济组织应当对参保人缴费给予补助，补助标准由村民委员会召开村民会议民主确定，鼓励有条件的社区将集体补助纳入社区公益事业资金筹资范围。鼓励其他社会经济组织、公益慈善组织、个人为参保人缴费提供资助。补助、资助金额合计不得超过本办法规定的最高缴费档次标准。

城乡居民养老保险缴费标准设为100元、200元、300元、400元、500元、600元、700元、800元、900元、1000元、1500元、2000元、3000元13个档。参保人员应按年一次性缴费，并在一个缴费年度内只能选择一个缴费档次缴费。缴费标准随城乡居民收入增长等情况适时调整。

第六条　城乡居民养老保险实行政府补贴与个人缴费挂钩，多缴多补。对于选择100元缴费档次的，政府给予每人每年30元的基础补贴。所需资金由省财政与市、县、自治县财政（含洋浦经济开发区，下同）分担。其中，省财政与海口市、三亚市、洋浦经济开发区财政按4 ∶ 6的比例分担，省财政与其他市、县、自治县财政按6 ∶ 4的比例分担。

对选择较高档次标准缴费的，适当增加补贴金额；对选择200元及以上缴费档次的，政府除按前款规定给予基础补贴外，按每增加一个缴费档次另给予不少于10元的补贴。所需资金由市、县、自治县财政承担，具体办法由市、县、自治县人民政府自行制定。

对城乡独生子女领证户、农村双女户（含农村少数民族三女户）夫妇落实长效避孕节育措施（含结扎和上环）家庭的参保人员，政府除按本条第一款、第二款规定给予补贴外，另给予每人每年不低于10元的财政补贴。所需资金由各市、县、自治县财政承担，具体补贴标准由市、县、自治县人民政府自行制定。

按照《残疾人实用评定标准（试用）》评残达到一级或者二级伤残的残疾人，独生子女伤残（伤病残达到三级以上，含三级）或独生子女死亡家庭的父母和计划生育手术并发症参保人员，政府按每人每年100元的缴费标准为其缴纳养老保险费，所需资金由省财政与市、县、自治县财政按本条第一款规定的比例分担。

享受低保人员、五保户、享受定期抚恤补助金的优抚对象等缴费困难群体可由市、县、自治县财政为其缴纳部分或者全部最低标准的养老保险费，具体办法由市、县、自治县人民政府自行制定。

第七条　城乡居民养老保险基金实行个人账户和社会统筹账户管理。

为每位参保人员建立终身记录的养老保险个人账户，个人账户由个人缴费、集体补助及其他社会经济组织、公益慈善组织、个人对参保人的缴费资助，以及省、市、县、自治县人民政府为参保人缴纳的保费和缴费补贴组成。参保人员死亡的，其个人账户资金本息余额，可以依法继承（原被征地农民基本养老保险基金中政府缴纳的基本养老保险费和各级人民政府资助被征地农民参加城乡居民养老保险的缴费补贴除外）。

社会统筹账户由未能继承的原被征地农民基本养老保险基金中政府缴纳的基本养老保险费、各级人民政府对被征地农民的缴费补贴，从被征地农民养老保险统筹准备金提取的用于弥补基金缺口的资金，以及其他补贴资金组成。

个人账户储存额按中国人民银行公布的金融机构人民币一年期存款利率计息，国家另有规定的从其规定。经办机构每年结息一次。

第三章　养老保险待遇

第八条　参加城乡居民养老保险且年满 60 周岁的城乡居民，符合下列条件之一且未领取城镇从业人员基本养老金及其他社会养老金的，自城乡居民养老保险经办机构核定的次月起，可按月领取城乡居民养老保险待遇：

（一）制度（指我省新型农村社会养老保险制度和城镇居民社会养老保险制度，下同）施行之日，距 60 周岁 15 年以上并实际缴费累计达 15 年以上（含 15 年）的；

（二）制度施行之日，距 60 周岁不足 15 年并按年实际缴费至 60 周岁的；

（三）制度施行之日，已年满 60 周岁的。

我省城乡居民养老保险制度施行时间为：新型农村社会养老保险制度在海口市美兰区、三亚市、文昌市、保亭黎族苗族自治县施行时间为 2009 年 12 月，在其他市县施行时间为 2010 年 10 月。城镇居民社会养老保险制度在海口市、三亚市、儋州市施行时间为 2011 年 4 月，在其他市县施行时间为 2011 年 7 月。

第九条　城乡居民养老保险待遇由基础养老金和个人账户养老金组成，支付终身。

政府对符合城乡居民养老保险待遇领取条件的城乡居民全额支付基础养老金。其中，2014 年城镇居民基础养老金标准为每人每月 130 元，上半年农村居民基础养老金标准为每人每月 100 元，下半年为每人每月 120 元，以后年度逐步拉平城乡居民基础养老金。所需资金由中央财政、省财政与市、县、自治县财政分担。其中，中央财政每人每月补助 55 元（根据国家政策实时调整），其余部分由省财政与市、县、自治县财政按第六条第一款规定的比例分担。基础养老金标准随我省经济发展和物价变动等情况适时调整。

符合按月领取城乡居民养老保险待遇条件的参保人员，其累计缴费年限在满 15 年的基础上每增加一年，基础养老金每月增加 4 元。每月增加的基础养老金标准随我省经济发展和物价变动以及个人缴费年限长短等情况适时调整。所需资金由省财政与市、县、自治县财政按第六条第一款规定的比例分担。

个人账户养老金的月计发标准为个人账户全部储存额除以计发系数（与现行城镇从业人员基本养老保险个人账户养老金计发系数相同）。个人账户存储额不足支付个人账户养老金时，由城乡居民养老保险社会统筹账户基金支付。社会统筹账户基金不足支付时，由市、县、自治县财政给予弥补。

第十条　符合国家规定计算的连续工龄或者工作年限，视同城乡居民养老保险缴费年限。

已按《海南省农村社会养老保险规定》（以下简称老农保）参保的人员，自老农保参保缴费之日至我省城乡居民养老保险制度施行之日之间的年限视同城乡居民养老保险缴费年限。

第十一条　参保人员未按照本办法规定缴纳城乡居民养老保险保费，造成其达到 60 周岁时不符合按月领取城乡居民养老保险待遇条件的，可以选择一次性补缴至满 15 年（制度实施时距 60 周岁不足 15 年的参保人员可补缴欠缴年限的城乡居民养老保险保费），按月领取城乡居民养老保险待遇；也可以选择终止城乡居民养老保险关系。已经办理按月领取城乡居民养老保险待遇的人员，不得再补缴养老保险费。

参保人员补缴养老保险费，政府不给予缴费补贴。

第十二条　在同一时期内，参加两份及两份以上社会养老保险的，待其达到待遇领取年龄时，由本人与社保经办机构或城乡居民养老保险经办机构协商保留其中一个养老保险关系，其他养老保险关系应当予以清退。在不同时期内，参加两份及以上社会养老保险的，待其达到待遇领取年龄时，各项社会养老保险关系按规定转移接续。

第十三条　经城乡居民养老保险经办机构核定按月领取城乡居民养老保险待遇的人员死亡火葬后，由城乡居民养老保险经办机构按照其死亡当月基础养老金4个月的标准发放丧葬补助金。所需资金由市、县、自治县财政承担。

第十四条　城乡居民养老保险待遇领取人员自死亡次月起停止发放养老金。城乡居民养老保险经办机构和村（居）民委员会应每年对城乡居民养老保险待遇领取人员进行核对；村（居）民委员会要协助城乡居民养老保险经办机构开展工作，在行政村（社区）范围内对参保人待遇领取资格进行公示，并与城镇从业人员基本养老保险待遇等领取记录进行比对，确保不重、不漏、不错。

第十五条　已参加城乡居民养老保险后被判服刑的城乡居民，在服刑期间不缴纳养老保险费，服刑期满后，可以补缴养老保险费。补缴的年限按本办法第十一条规定执行。

参保人员在服刑期间达到待遇领取年龄的，待其服刑期满后可以办理待遇领取手续并按规定领取城乡居民养老保险待遇，其达到待遇领取年龄至办理待遇领取手续期间的城乡居民养老保险待遇不予补发。

已按月享受城乡居民养老保险待遇的人员在服刑期间停止发放城乡居民养老保险待遇，自其刑满释放后的下个月起按当期标准重新核发城乡居民养老保险待遇；被判处管制、有期徒刑宣告缓刑和监外执行，或处于假释期间的，可以按当期标准继续发放城乡居民养老保险待遇。在服刑期间死亡的，其个人账户储存额可以继承，遗属待遇按规定标准计发。

参加城乡居民养老保险后被判服刑的人员，被处罚前的实际缴费年限和视同缴费年限予以承认。

第十六条　按月领取城乡居民养老保险待遇的参保人员，应于每年4~6月到待遇领取地城乡居民养老保险经办机构或指定地点进行资格认证。居住地和待遇领取地不一致的，可在居住地进行资格认证。居住在国外或港澳台特别行政区人员，须提供中国驻外使、领馆，居住国公证机构、港澳台相关机构出具的生存证明进行认证。

城乡居民养老保险经办机构每年7月对认证情况进行清理，对不按时进行资格认证人员暂停发放城乡居民养老保险待遇。待其进行资格认证或提供生存证明后，城乡居民养老保险经办机构再恢复发放并补发停发期间的城乡居民养老保险待遇。

第四章　制度衔接

第十七条　城乡居民养老保险制度施行之前，已参加了老农保，并且年满60周岁已领取老农保养老金的参保人员，在继续享受老农保养老金的同时，享受城乡居民养老保险基础养老金待遇。

城乡居民养老保险制度施行之前，已参加老农保但未达到60周岁且未领取老农保养老金的参保人员，应当继续参加城乡居民养老保险，其老农保个人账户资金并入城乡居民养老保险个人账户，待其达到符合享受城乡居民养老保险待遇条件时享受城乡居民养老保险待遇。不符合享受城乡居民养老保险待遇条件时可按本办法第十一条规定执行。

第十八条　参加城乡居民养老保险的人员，在缴费期间户口迁移需要跨地区转移居民养老保险关系的，可在迁入地申请转移养老保险关系，一次性转移个人账户全部储存额，并按迁入地规定继续参保缴费，缴费年限累计计算；已经按规定领取居民养老保险待遇的，无论户口是否迁移，其养老保险关系不转移。

第五章　基金管理

第十九条　将新农保基金和城居保基金合并为城乡居民养老保险基金。城乡居民养老保险基金实行市、县级统筹管理，并逐步过渡到省级统筹管理。

城乡居民养老保险个人账户资金只能用于养老保险待遇支出，不得提前支取。

第二十条　建立健全城乡居民养老保险基金财务会计制度。城乡居民养老保险基金纳入社会保障基金财政专户，实行收支两条线管理，单独记账、独立核算，任何部门、单位和个人均不得挤占挪用、虚报冒领。

城乡居民养老保险基金按照国家统一规定投资运营，实现保值增值。

第二十一条　市、县、自治县人民政府要为经办机构提供必要的工作场地、设施设备、经费保障。城乡居民养老保险工作经费纳入同级财政预算，不得从城乡居民养老保险基金中开支。

第六章　法律责任

第二十二条　人力资源和社会保障行政部门、财政部门、城乡居民养老保险经办机构、街道（乡镇）劳动保障服务机构违反本办法规定有下列行为之一的，由其行政主管部门或相关职能部门责令限期改正，追回被挪用或者流失的城乡居民养老保险基金；对其单位主要负责人、直接责任人分别追究行政责任；构成犯罪的，依法追究刑事责任：

（一）未按规定及时足额将城乡居民养老保险基金转入基金专户的；

（二）挤占、挪用、截留、侵占城乡居民养老保险基金的；

（三）无正当理由延期或不按规定给参保人员支付养老金的；

（四）擅自减少或者增加个人账户金额的；

（五）擅自减发或者增发参保人员养老金的；

（六）违反社会保险基金运营管理规定，造成基金损失的。

各级人民政府及人力资源和社会保障行政部门、财政部门、城乡居民养老保险经办机构或街道（乡镇）劳动保障服务机构的工作人员有前款所列行为的，由有关部门追回被挪用或者流失的城乡居民养老保险基金，并依法给予行政处分；构成犯罪的，依法追究刑事责任。

第二十三条　参保人员及利害关系人以伪造证件或者其他手段多领、冒领养老保险待遇的，由市、县、自治县人力资源和社会保障部门责令退还其多领、冒领的养老金；涉嫌犯罪的，依法追究刑事责任。

建立欺诈、骗取、冒领养老金举报奖励制度。具体办法由省社会保险行政部门会同省财政部门制定。

第二十四条　参保人员在享受待遇问题上与城乡居民养老保险经办机构存在争议的，可依法申请行政复议或者提起行政诉讼。

第七章　附则

第二十五条　本办法所称缴费年限均含视同缴费年限。

第二十六条　本办法由省人力资源和社会保障厅、省财政厅负责解释。

第二十七条　之前相关规定与本办法不一致的，以本办法为准。

第二十八条　本办法自公布之日起在全省施行。

附录 D　2008 年北京市新型农村社会养老保险试行办法

《北京市新型农村社会养老保险试行办法》

为进一步完善本市农村社会保障体系，统筹城乡社会发展，保障农村居民年老后的基本生活，实现“老有所养”的社会建设目标，根据国家有关法律法规，结合本市实际，制定本办法。

一、总则

第一条　为进一步完善本市农村社会保障体系，统筹城乡社会发展，保障农村居民年老后的基本生活，实现“老有所养”的社会建设目标，根据国家有关法律法规，结合本市实际，制定本办法。

第二条　具有本市农业户籍，男年满 16 周岁未满 60 周岁、女年满 16 周岁未满 55 周岁的人员，可按本办法参加新型农村社会养老保险。

第三条　新型农村社会养老保险制度坚持社会保险权利与义务对等，保障水平与经济发展水平适应，统筹城乡发展、有利于城乡社会保险制度衔接的原则。

第四条　新型农村社会养老保险制度实行个人账户和基础养老金相结合的制度模式，采取个人缴费、集体补助、财政补贴相结合的筹资方式。

第五条　新型农村社会养老保险制度由本市各级人民政府负责组织实施，新型农村社会养老保险基金实行区（县）级统筹。

第六条　市劳动保障部门主管全市农村社会养老保险工作，负责政策的制订和监督指导；区（县）劳动保障部门负责政策的宣传和组织落实。

第七条　区（县）劳动保障部门设立的农村社会养老保险经办机构（以下简称区县农保经办机构），负责新型农村社会养老保险费收缴、养老金给付和个人账户管理工作。

二、养老保险费缴纳

第八条　新型农村社会养老保险费采取按年缴费的方式缴纳。最低缴费标准为本区（县）上一年度农村居民人均纯收入的 10%。最低缴费标准以上部分由参保人员根据承受能力自愿选择。

第九条　有条件的农村集体经济组织，可对参加新型农村社会养老保险的人员给予补助，具体补助数额根据自身条件确定。

第十条　区县农保经办机构负责为参保人员建立新型农村社会养老保险个人账户。

个人账户资金包括：

（一）个人缴纳的养老保险费和利息；

（二）集体补助和利息；

（三）其他收入和利息。

第十一条　新型农村社会养老保险个人账户在积累期内按照银行同期一年期定期存款利率计息，实行分段计息，年内以单利计息，逐年以复利计息。

第十二条　参保人员跨统筹区域转移养老保险关系的，个人账户中的资金全部转移。

第十三条　新型农村社会养老保险个人账户资金，只能用于参保人员年老时的养老，不得提前支取挪作他用。

三、养老保险待遇

第十四条　参保人员符合下列条件之一的，自男年满 60 周岁、女年满 55 周岁的次月起，按月享受新型农村社会养老保险待遇。

（一）按规定缴纳农村社会养老保险费累计缴费年限满 15 年的。

（二）本办法施行之日，男已年满 45 周岁、女已年满 40 周岁的人员，达到领取年龄前按年足额缴纳保险费的。

（三）未按本条第一款或第二款的规定缴费，达到领取年龄时继续按年缴纳保险费，最长延长缴费时间 5 年，缴费年限仍不满第一款或第二款规定，按照相应年度本区（县）农村居民人均纯收入的 10%，一次性补足差额年限保险费的。

（四）外埠迁入本市户籍的人员，按年足额缴纳保险费满 15 年的；达到领取年龄时缴费不满 15 年，继续按年缴纳保险费、最长延长缴费时间 5 年，缴费年限仍不满 15 年，按照相应年度本区（县）农村居民人均纯收入的 10%，一次性补足差额年限保险费的。

第十五条　新型农村社会养老保险待遇由个人账户养老金和基础养老金两部分组成。

个人账户养老金月领取标准为：个人账户存储额除以国家规定的城镇基本养老保险个人账户养老金计发月数。

基础养老金标准全市统一，为每人每月 280 元。基础养老金所需资金由市、区（县）财政共同筹集，分别列入市、区（县）财政预算。

第十六条　建立基础养老金的正常调整机制。具体调整方案由市劳动保障部门会同市财政部门提出，报市政府批准后执行。

第十七条　参保人员未按照本办法第十四条规定缴纳保险费的，享受一次性养老待遇，其待遇为个人账户全部资金。

第十八条　参保人员在缴费期间死亡的，其个人账户全部资金一次性退给其法定继承人或指定受益人。

第十九条　参保人员在领取期间死亡的，其个人账户资金的剩余部分，一次性退给其法定继承人或指定受益人。

第二十条　新型农村社会养老保险待遇由区（县）农保经办机构按月实行社会化发放。领取待遇的人员每年应进行领取资格认定；领取期间死亡的，其直系亲属应在 1 个月内到所属乡（镇）社会保障事务所办理相关手续。

四、制度衔接

第二十一条　本办法施行之日，已经按照农村社会养老保险制度领取养老金，且男已年满 60 周岁、女已年满 55 周岁的农村户籍人员，在已享受养老金的同时，享受基础养老金；但男未满 60 周岁、女未满 55 周岁的农村户籍人员，仍按原标准领取养老金，待男年满 60 周岁、女年满 55 周岁的次月开始享受基础养老金。

第二十二条　已参加农村社会养老保险还未达到领取年龄的人员，应继续参加新型农村社会养老保险，其农村社会养老保险个人账户资金并入新型农村社会养老保险个人账户。

第二十三条　参加新型农村社会养老保险的人员转居后，其每年缴纳的农村社会养老保险费，按照基本养老保险相应年度最低缴费基数和缴费比例折算为基本养老保险的缴费和年限，折算的农村社会养老保险费转入基本养老保险基金，并按规定建立基本养老保险个人账户。

第二十四条　参加本市基本养老保险的本市农民工，达到退休年龄时不符合按月领取条件的，可将其按照基本养老保险规定享受的一次性养老待遇划转到其户口所在区（县）农保经办机构，建立新型农村社会养老保险个人账户，按照新型农村社会养老保险的规定计发养老待遇。

五、基金管理和监督

第二十五条　新型农村社会养老保险基金纳入区（县）财政专户，以区（县）为单位核算和管理。区（县）财政部门应设立专门账户，对本区（县）新型农村社会养老保险基金进行管理，专款专用。任何部门、单位或个人均不得转借、挪用和侵占。

第二十六条　市、区（县）财政部门应按劳动保障部门编制的新型农村社会养老保险基金预算安排资金，确保新型农村社会养老保险待遇的按时足额发放。

第二十七条　市、区（县）农保经办机构应建立健全新型农村社会养老保险基金的财务、会计、统计制度。区（县）应按年度编制新型农村社会养老保险基金收支预决算。

第二十八条　新型农村社会养老保险基金应按照国家社会保险基金的有关规定保值增值，任何单位和个人均不得擅自改变其性质和用途。

第二十九条　财政、审计部门负责对新型农村社会养老保险基金收支和管理情况进行审计监督。

第三十条　市社会保险监督委员会按照有关规定对新型农村社会养老保险有关政策的执行和基金的管理情况进行监督。

六、法律责任

第三十一条　农保经办机构、新型农村社会养老保险基金划拨机构及其工作人员滥用职权、徇私舞弊、玩忽职守，致使新型农村社会养老保险待遇不能按时足额发放或者造成新型农村社会养老保险基金流失的，由劳动保障部门责令改正，并由有关部门对直接负责的主管人员和其他直接责任人给予行政处分；涉嫌犯罪的，移送司法机关依法处理。

第三十二条　任何人以伪造证件或者其他手段多领、冒领养老保险待遇的，由区（县）劳动保障部门责令退还；涉嫌犯罪的，移送司法机关依法处理。

七、附则

第三十三条　本办法的实施细则由市劳动保障局会同市财政局另行制定。

第三十四条　市劳动保障局会同市财政局负责根据本办法制定基金、财务管理等相关制度，报市政府审批后实施。

第三十五条　本办法自 2008 年 1 月 1 日起施行。实施过程中遇到的问题，由市劳动保障局负责协调解决。《北京市人民政府办公厅关于印发北京市农村社会养老保险制度建设指导意见的通知》（京政办发〔2005〕62 号）同时废止。

参考文献

［1］R. Holzmann. The World Bank Approach to Pensions Reform［J］. International Social Security Review，2000，53（1）:11-34 .

［2］S. Ding and C. Chen. Rural Old-age Security in Economic Transition in China［M］.Beijing：Chinese Financial Economics Publishing House，2005.

［3］J. K. M. Johnson and J. B. Williamson. Do Universal Non-contributory Old-age Pensions Make Sense for Rural Areas in Low-Income Countries?［J］International Social Security Review，2006（4）：47-65.

［4］A. Glazer. Social Security and Conflict within the Family［J］. Journal of Population Economics，2008.

［5］P. Meguire. Social Security and Personal Saving: 1971 and Beyond［J］. Empirical Economics，2003（1）.

［6］O. P. Attanasio and E. A. Brugiavini. Social Security and Households' Saving［J］. Quarterly Journal of Economics，2003（3）：1075-1120.

［7］N. L. Bowers. Actuarial Mathematics［J］. Society of Actuaries，1986.

［8］D. Posel and D. Casale. What Has Been Happening to Internal Labor Migration in South Africa，1993~1999?［J］. South African Journal of Economics，2003（3）：455-479.

［9］R. Jensen. Do Private Transfers Displace the Benefits of Public Transfers? Evidence from South Africa［J］. Journal of Public Economics，2003（3）：89-112.

［10］J. Carriere and K. Shand. New Saraly Function for Pension Valuation［J］. North American Actuarial，1998：39-43.

［11］M. Feldstein and J. Liebman. “Social Security”［R］. NBER Working

Paper, 2001.

［12］P. S. Heller. Ageing in the Asian "Tigers" :Challenge for Ficisal Policy［R］. IMF Working Paper，1997.

［13］R. Holzmann and R. Hinz. Old Age Income Support in The 21st Century:An International Perspective on Pension Systems and Reform［M］.Washington，D.C.，World Bank, 2005.

［14］R. Holzmann and E. Palrner. Pension Reform: Issure and Prospects for Non-Financial Defined Contribution（NDC）Schemes［M］. Washington，D.C.，The World Bank, 2006.

［15］M. Feldstein and J. B. Liebman. The Distributional Effects of an Investment-Based Social Security Reform［A］.Distribution Aspects of Investment-Based Social Security Reform, 2001.

［16］L. J. Kotlikoff. The World Bank's Approach and the Right Approach toPension Reform［J］. Boston University，1999.

［17］H. Markowitz. Portfolio Selection: Efficient Diversification of Investments［M］.New Haven: Yale University Press, 1970.

［18］W. F. Sharpe. Investors and Markets: Portfolio Choices，Asset Prices，and Investment Advice［R］. Princeton Lectures in Finance，2006.

［19］S. A. Ross. Arbitrage theory of capital asset pricing［J］. Journal of Economic Theory, 1976.

［20］World Bank. 老年保障：中国的养老金体制改革［M］. 北京：中国财政经济出版社，1998.

［21］邱菀华，高建伟．个人账户中养老金给付精算模型及其应用［J］. 北京航空航天大学学报（社会科学版），2002（3）:22-26.

［22］高建伟．中国隐性养老金债务精算模型及其应用研究［J］. 经济数学，2004（2）:120-129.

［23］徐佳，傅新平，Steve Peng，周春华，高祝桥．新政策下养老保险基金收支测算模型的构建［J］. 统计与决策，2007（10）：65-67.

［24］庞洪涛．北京市城镇养老金收支测算及灵敏度分析［D］. 首都经济贸

易大学，2009.

［25］申曙光，彭浩然．中国养老保险隐性债务问题研究［MJ］．广州：中山大学出版社，2009.

［26］王晓军．养老保险制度及精算评价［M］．北京：经济科学出版社，2000.

［27］王晓军．对我国养老金制度债务水平的估计与预测［J］．预测，2002（1）：29-32，40.

［28］高建伟，邱菀华．现收现付制与部分积累制的缴费率模型［J］．中国管理科学，2002（4）：83-86.

［29］薛惠元，王翠琴．现收现付制与基金制的养老保险制度成本比较——基于养老保险收支平衡数理模型［J］．保险研究，2009（11）：59-64.

［30］熊俊顺．企业职工养老保险基金支付能力预警模型及应用分析［J］．数量经济技术经济研究，2001（3）：120-123.

［31］封铁英，刘芳．城镇企业职工基本养老保险基金支付能力预测研究［J］．西北人口，2010，31（2）：10-17.

［32］谭湘渝，樊国昌．中国养老保险制度未来偿付能力的精算预测与评价［J］．人口与经济，2004（1）：36，55-58.

［33］黄晓．中国基本养老保险基金收支均衡政府责任及其策略研究［D］．西南交通大学，2007.

［34］易楠，刘黎明．北京市无养老保险老年人福利养老金测算及筹资方法［J］．统计与决策，2008（22）:67-69.

［35］邓大松，薛惠元．新型农村社会养老保险替代率精算模型及其实证分析［J］．经济管理，2010，32（5）：164-171.

［36］邓大松，薛惠元．新型农村社会养老保险替代率的测算与分析［J］．山西财经大学学报，2010，32（4）：8-13.

［37］贾宁，袁建华．基于精算模型的“新农保”个人账户替代率研究［J］．中国人口科学，2010（3）：95-102，112.

［38］黄锦英，罗倩倩．新型农村社会养老保险替代率精算分析［J］．中州大学学报，2011，28（5）：9-13.

［39］王翠琴，薛惠元．新型农村社会养老保险替代率的实证研究［J］．西北人口，2010，31（5）：6–11.

［40］李丹，杨丽．基于精算模型的新型农村社会养老保险制度的偿付能力预测［J］．安徽农业科学，2011，39（24）：15060–15062.

［41］阿里木江·阿不来提，买买提江·买提尼亚孜，李全胜．新疆农村社会养老保险精算模型及实证研究［J］．西北人口，2010，31（1）：90–94.

［42］李芝．经济发达县新型农村社会养老保险政策执行研究［D］．华东师范大学，2011.

［43］赵殿国．建立新型农村社会养老保险制度［J］．中国金融，2007（6）：34–36.

［44］北京市统计局．世纪之交的中国人口（北京卷）［M］．北京：中国统计出版社，2005.

［45］北京市哲学社会科学规划办公室和北京市教育委员会北京人口发展研究中心．北京市哲学社会科学研究基地报告：北京人口发展研究报告［M］. 北京：同心出版社，2007.

［46］郭志刚．六普结果表明以往人口估计和预测严重失误［J］．中国人口科学，2011（6）：2–13，111.

［47］陈曦．养老保险降费率、基金收入与长期收支平衡［J］．中国人口科学，2017（3）：55–69，127.

［48］于潇，黄敦平．引入迁移人口的人口预测模型构建［J］．西北人口，2014，35（5）：19–22.

［49］刘学良．中国养老保险的收支缺口和可持续性研究［J］．中国工业经济，2014（9）：25–37.

［50］孟令国，李超令，胡广．基于 PDE 模型的中国人口结构预测研究［J］．中国人口·资源与环境，2014，24（2）：132–141.

［51］李晖，陈锡康．基于人口投入产出模型的中国人口结构预测及分析［J］．管理评论，2013，25（2）:29–34.

［52］高圣国．具有人口年龄和性别结构的中国人口预测模型［J］．统计与决策，2011（5）：26–27.

[53] 苏晓春 . 中国养老保险制度的变迁及其改革 [D] . 厦门大学，2008.

[54] 张虹 . 中国养老保险制度的研究 [D] . 华东师范大学，2007.

[55] 魏巍岩 . 人口老龄化背景下中国养老保险制度选择 [D] . 四川师范大学，2013.